wortstark 2
Werkstattheft für Klasse 6
Lösungsteil

Dieser Lösungsteil gehört _____

Im Lösungsteil findest du Originaltexte und zu vielen Aufgaben Lösungen. Aufgaben, zu denen es Lösungen gibt, sind im Werkstattheft durch eine grüne Aufgabennummerierung gekennzeichnet.

Mit dem Lösungsteil kannst du ganz unterschiedlich arbeiten. Wichtig ist, dass du immer selbstständiger und erfolgreicher arbeitest und übst. Lies dazu die fünf folgenden Tipps und kreuze an, was für dich zutrifft:

Tipp 1:
Bevor du deine Lösung mit dem Lösungsteil überprüfst, lies noch einmal nach, was du wirklich geschrieben hast. Sprich beim überprüfenden Lesen deutlich und langsam mit – wenn du allein bist, mit Murmelstimme.

So arbeite ich:
☐ immer ☐ manchmal ☐ nie

Tipp 2:
Schlage dann im Lösungsteil nach, wenn du eine Aufgabe vollständig gelöst hast.

So arbeite ich:
☐ immer ☐ manchmal ☐ nie

Tipp 3:
Wenn du eine Lösung überhaupt nicht findest oder sehr unsicher bist, dann schlage sofort nach. So vermeidest du, dass du dir Falsches einprägst oder weitere Fehler machst.

So arbeite ich:
☐ immer ☐ manchmal ☐ nie

Tipp 4:
Vergleiche die Übungen, zu der es keine eindeutige Lösung oder sogar mehrere Lösungen gibt, in Partner- oder Gruppenarbeit.

So arbeite ich:
☐ immer ☐ manchmal ☐ nie

Tipp 5:
Überschreibe beim Berichtigen niemals einzelne Buchstaben oder ganze Wörter! Sie werden dann unlesbar. Streiche Falsches oder fehlerhafte Stellen durch und berichtige am Rand oder unter dem Text.

So arbeite ich:
☐ immer ☐ manchmal ☐ nie

Vergleiche dein Test-Ergebnis mit den Ergebnissen deiner Mitschülerinnen und Mitschüler: Was ist gleich, worin unterscheidet ihr euch? Sprecht auch über die Gründe.
Überlege gemeinsam mit deiner Lehrerin und deinem Lehrer, wie du mit dem Lösungsteil arbeiten willst und welche Tipps für dich besonders wichtig sind. Dazu kannst du sie natürlich auch verändern und ergänzen.

Seite 5:

1. Himmelsmeere, 2. Fink und Frosch, 3. Hodscha Nasreddin,
4. Obstsalat, 5. Erlebnis am Meer, 6. Rechtschreibstrategien,
7. Personalpronomen, 8. Konjunktionen, 9. Hubschrauber

Seite 6:

Tierisches *Gerhard Rutsch*

Im Wasserturm – ein nasser Wurm.
Im Untergrund – ein bunter Hund.
Im Bäderhaus – die Fledermaus.
Im Siedetopf – ein Wiedehopf.
Im Rittersaal – ein Zitteraal.
Im Haferstroh – ein braver Floh.
Im Straßenteer – ein Nasenbär.
Am Spiegeltisch – ein Igelfisch.
Im Wiesenschlamm – ein Riesenlamm.
Das Getier
ging hier
dem Reim
auf den Leim

2 Weitere Möglichkeiten:
Auf der Sommerliege – eine schwarze Fliege.
In der hohen Espe – eine freche Wespe.
In der Blumenvase – ein kleiner Hase.
In der Gartenlaube – eine weiße Taube.
In der Buchenhecke – eine dicke Schnecke.

Seite 7:

Wenn ich eine Wolke wäre *Mascha Kaléko*

Wenn ich eine Wolke wäre,
segelt' ich nach Irgendwo
durch die weiten Himmelsmeere
von Berlin nach Mexiko.
Blickte in die Vogelnester,
rief die Katzen auf dem Dach,
winkte Brüderchen und Schwester
morgens aus dem Schlafe wach.
Wenn ich eine Wolke wäre,
zög' ich mit dem Wüstenwind
zu den Inseln, wo die Menschen
gelb und mandeläugig sind
oder braun wie Schokolade
oder mandarinenrot,
wo die Kokosnüsse wachsen,
Feigen und Johannisbrot.

Seite 8:

1 Du hast beim Lesen bestimmt gemerkt, dass die rechte Textfassung viel besser klingt.

Seite 10:

1, 2

Der Jagdhund und die Katze *Sina Meister*

(Situation:) Auf seinem Morgenspaziergang sah der Jagdhund die Katze am Wegrand sitzen und auf Mäuse lauern. | **(Handlung/Dialog:)** Kaum hatte er sie erblickt, hetzte er ihr in großen Sprüngen nach. Die Katze aber rannte auf den Baum zu, der ihr am nächsten stand, kletterte hinauf und setzte sich gemütlich auf einen Ast. Von oben herab sprach sie: „Komm herauf, wenn du kannst." Ich habe viel Zeit." | **(Ergebnis:)** Der Jagdhund schnaubte verächtlich: „Du bist es nicht wert, dass ich meine Zeit mit dir vergeude!" – und trollte sich davon. – | **(Lehre:)** So antwortet einer, der nicht zugeben will, dass er etwas nicht kann.

Vom Hund im Wasser *Martin Luther*

(Situation:) Ein Hund lief durch einen reißenden Fluss und hatte ein Stück Fleisch in der Schnauze. | **(Handlung:)** Als er aber das Spiegelbild des Fleisches im Wasser sieht, schnappt er gierig danach, denn er wollte auch das noch haben. Wie er nun sein Maul aufriss, fiel das Fleischstück heraus und ging im Fluss unter. | **(Ergebnis:)** So hatte er beides verloren, das Fleisch und das Spiegelbild davon.

3 Bei der Fabel von Martin Luther fehlt die **Lehre**. Sie könnte lauten:
Wer zu gierig ist, hat am Ende gar nichts.

Seite 11:

1, 2 **(Situation:)** Im Apfelbaume pfeift ein <u>Fink</u> sein: pinke<u>pink</u>!. | **(Handlung/Dialog:)** Ein Laubfrosch klettert mühsam <u>nach</u> bis auf des Baumes Blätter<u>dach</u> und bläht sich auf und quakt: „Ja, ja! Herr Nachbar, ick bin och noch <u>da</u>!" Und wie der Vogel frisch und <u>süß</u> sein Frühlingslied erklingen <u>ließ</u>, gleich muss der Frosch in rauen <u>Tönen</u> den Schusterbass dazwischen <u>dröhnen</u>. „Juchheija, heija!", spricht der <u>Fink</u>. „Fort flieg ich <u>flink</u>!" Und schwingt sich in die Lüfte <u>hoch</u>. „Wat!", ruft der Frosch. „Dat kann ick <u>och</u>!" Macht einen ungeschickten <u>Satz</u>, fällt auf den harten Garten<u>platz</u>, | **(Ergebnis:)** ist platt, wie man die Kuchen <u>backt</u>, und hat für ewig ausge<u>quakt</u>. | **(Lehre:)** Wenn einer, der mit Mühe <u>kaum</u> gekrochen ist auf einen <u>Baum</u>, schon meint, dass er ein Vogel <u>wär</u>, so irrt sich <u>der</u>.

3 ### Fink und Frosch *Wilhelm Busch*

Im Apfelbaume pfeift ein Fink
sein: pinkepink!
Ein Laubfrosch klettert mühsam nach
bis auf des Baumes Blätterdach
und bläht sich auf und quakt: „Ja, ja!
Herr Nachbar, ick bin och noch da!"

Und wie der Vogel frisch und süß
sein Frühlingslied erklingen ließ,
gleich muss der Frosch in rauen Tönen
den Schusterbass dazwischen dröhnen.

„Juchheija, heija!", spricht der Fink.
„Fort flieg ich flink!"
Und schwingt sich in die Lüfte hoch.

„Wat!", ruft der Frosch. „Dat kann ick och!"
Macht einen ungeschickten Satz,
fällt auf den harten Gartenplatz,
ist platt, wie man die Kuchen backt,
und hat für ewig ausgequakt.

Wenn einer, der mit Mühe kaum
gekrochen ist auf einen Baum,
schon meint, dass er ein Vogel wär,
so irrt sich der.

4 Die Lehre könnte lauten:
Hochmut kommt vor dem Fall.

Seite 12:

1 ### Die tote Katze *nach Äsop*

In einem <u>Haus</u> gab es besonders viele <u>Mäuse</u>, bis eines Tages eine <u>Katze</u> dahinter kam und sich dort niederließ, um sie eine nach der anderen zu <u>fangen</u> und zu <u>fressen</u>. Die letzten, die noch übrig waren, verkrochen sich in ihre <u>Löcher</u>, wo die <u>Katze</u> sie nicht erreichen konnte, und hüteten sich, wieder zum Vorschein zu kommen. Da gedachte die <u>Katze</u>, sie durch eine List hervorzulocken. Sie erklomm einen <u>Balken</u> und hängte sich mit dem <u>Kopf</u> nach unten daran, als wäre sie tot. Nicht lange danach steckte auch wirklich eine von den <u>Mäusen</u> die <u>Schnauze</u> aus ihrem <u>Loch</u>. „He, du dort", rief sie, „und wenn du zehnmal mausetot bist, wir bleiben doch lieber, wo wir sind."

2 Die Lehre, die Äsop formuliert hat, lautet:
Kluge Leute, die einmal die Bosheit gewisser Menschen kennen gelernt haben, die lassen sich durch keinerlei Verstellung mehr hinters Licht führen.
Man könnte auch sagen: Vorsicht ist besser als Übermut.
Oder: Durch Erfahrung wird man klug.

Seite 13:

1 (1) Stier, (2) Schaf, (3) Ziege, (4) Pferd, (5) Fuchs

2 Das Pferd gibt die richtige Antwort: „Ein Gänseblümchen!"

3 Die Lehre könnte lauten:
Auch wenn man weiß, dass der Stärkere Unrecht hat, kann es manchmal klug sein, so zu tun, als hätte er Recht.

Seite 14:

1, 2 Wolkenkratzer → Hütten, Häuser
eisernen Balken → hölzernen Balken
eine Visitenkarte → einen Zettel
aus seinem Auto → aus seiner Sänfte
ins Krankenhaus → zum Arzt
stand alles in der Zeitung → hatte sich alles herumgesprochen

Seite 16:

1 Die richtige Reihenfolge: a, e, c, b, g, f, d

2 Das Bild passt zu den Abschnitten f und d.

Seite 17:

1 Text A: **Irgendetwas fiel herunter**

Als Nasreddins Frau einen gewaltigen dumpfen Schlag hörte, rannte sie hinauf in sein Zimmer. Sie fragte ihren Mann, was denn passiert sei.
„Reg dich nicht auf!", sagte Nasreddin, „es war nur mein Mantel, der auf den Boden fiel."
„Was? Und das macht so einen Krach?"
„Ja, ich hatte ihn gerade an."

Text B: **Eins fürs andere**

Nasreddin suchte einen Laden auf, um eine Hose zu kaufen. Dann änderte er seine Absicht und suchte stattdessen einen Mantel aus, der genauso viel kostete. Er nahm den Mantel an sich und wollte aus dem Laden gehen.
„Du hast nicht bezahlt!", rief der Kaufmann.
„Ich habe dir die Hose dagelassen. Die genauso viel kostet wie der Mantel."
„Aber du hast auch die Hose nicht bezahlt!"
„Natürlich nicht", sagte Nasreddin, „warum sollte ich etwas bezahlen, was ich gar nicht kaufen will?"

Seite 18/19:

3 Stichwortsätze „Alles in eine Schüssel" und „Zuckersirup mit Zitronensaft" sind vertauscht.

Seite 26:

1 **Udo** sagt seine Meinung. **Sven** führt ein Argument als Stütze an. **Olaf** nennt zur Verdeutlichung ein Beispiel.

Seite 28:

1 Meinung (rot), Argument (blau), Verdeutlichung (grün)

2 **Meinung:** Man kann zwar auch durch Fernsehen und DVDs eine Menge Interessantes lernen, aber wenn ich zu meinem Hobby etwas genau wissen will, kann ich besser in den entsprechenden Sachbüchern lesen.
Argument: Denn da ist alles genau beschrieben, oft noch mit Fotos und Zeichnungen.
Verdeutlichung: Mein neues Aquarium habe ich zum Beispiel ganz genau nach der Anleitung in einem Hobbybuch gebaut und eingerichtet.

Seite 31:

1 – **3** Verben im Präteritum unterstrichen, adverbiale Bestimmungen **fett gedruckt**; in Klammern stehen adverbiale Bestimmungen, die du einsetzen kannst:

Auch kleine Mäuse können **manchmal** ganz schön gefährlich sein. Das musste **vor einiger Zeit** eine Schülerin aus der 6a feststellen. Sie wollte **in der Pause** mit ihrer Freundin den Käfig der Klassenmaus Fritzi **gründlich** reinigen. Dazu nahm sie die schwarze Maus (aus dem Käfig). Natürlich wollte sie auch mit der kleinen Fritzi etwas spielen. Sie hatte das Tierchen gerade in der Hand, als (plötzlich) ein Schüler (mit vollem Tempo, aus der Nachbarklasse) hereingestürmt kam. Der sah die Maus und wollte sie (unbedingt, sofort, ohne zu fragen) haben. Er riss seiner Mitschülerin das Tier aus der Hand und spielte selber damit. Aber er ging nicht besonders vorsichtig damit um. Das Mädchen konnte ihn auch (mit aller Überredungskunst) nicht dazu bewegen, die Maus wieder (in den Käfig) zurückzusetzen. Die andere Schülerin alarmierte (inzwischen, aus lauter Hilflosigkeit) die Klassenlehrerin. Als der Junge das bemerkte, warf er (völlig unkontrolliert) die Maus in die Hände seiner Mitschülerin zurück und flüchtete (nach draußen). In dem Moment biss Fritzi (vor lauter Panik) zu, und zwar in den rechten Zeigefinger. Das Mädchen zuckte (vor Schmerz und Schreck) zusammen und die Maus sprang zurück in den Käfig. Dem Tier war nichts passiert, aber der Finger tat weh und blutete (wie verrückt). Er wurde von der Klassenlehrerin (mit einem Verband) umwickelt. Die ganze Aufregung hatte nur einen Vorteil: Mit dem dicken Verband konnte die Verletzte den Biotest (in der nächsten Stunde) „leider" nicht mitschreiben.

Seite 34:

1 Nomen: der Berg, die Burg, der Korb, der Mond, der Stab, der Wald
Verben: fand, glaubt, legt, raubt, stand, wagt
Adjektive: fremd, gelb, grob, schräg, streng, wild

2 der Berg – die Berge, die Burg – die Burgen, fand – wir fanden, fremd – der fremde Junge, gelb – der gelbe Ball, glaubt – wir glauben, grob – der grobe Sand, der Korb – die Körbe, legt – wir legen, der Mond – die Monde, raubt – wir rauben, schräg – die schräge Ebene, der Stab – die Stäbe, stand – wir standen, streng – die strenge Lehrerin, wagt – wir wagen, der Wald – die Wälder, wild – das wilde Tier

3 bärtig – der bärtige Mann, bergig – das bergige Land, eisig – die eisige Kälte, farbig – das farbige Kleid, hungrig – der hungrige Wolf, kräftig – der kräftige Junge, lustig – die lustige Musik, mutig – das mutige Mädchen, riesig – der riesige Bär, sandig – das sandige Ufer, spaßig – das spaßige Lied, steinig – der steinige Weg, waldig – das waldige Tal, windig – der windige Tag, witzig – der witzige Clown, wolkig – der wolkige Himmel

4, 5 bleiben: er bleibt, er blieb; du bleibst, geblieben, die Bleibe
fliegen: er fliegt, er flog; du fliegst, die Fliege, der Flieger, flieg!
geben: er gibt, er gab; du gibst, die Gabe, gib her!
heben: er hebt, er hob; du hebst, hochheben, der Wagenheber
reiben: er reibt, er rieb; du reibst, die Reibe, das Reibeisen, die Reibung, reibungslos
schreiben: er schreibt, er schrieb; schreibfaul, der Schreibfehler, die Schreibmaschine, der Schreibtisch

Seite 35:

6 erheblich – he-ben, das Erlebnis – le-ben, saugfähig – saugen, freundlich – die Freun-de, die Handlung – han-deln, der Klebstoff – kle-ben, die Landkarte – die Län-der, die Raubkatze – rau-ben, schädlich – der Scha-den, das Schlagzeug – schla-gen, unmöglich – mö-gen, das Zeugnis – zeu-gen

7 wegbleiben, wegfliegen, weggeben, wegheben, wegreiben

8 die Gän-se – die Gans, die Ga-se – das Gas, die Glä-ser – das Glas, die Grä-ser – das Gras, die Häl-se – der Hals, die Krei-se – der Kreis, wir bla-sen – bläst, wir brem-sen – bremst, wir be-wei-sen – beweist, wir le-sen – liest, wir ra-sen – rast, wir schmu-sen – schmust

9 Eis, eiskalt, Eisbär, Eiszeit, _eisig_
grasgrün, Grasfläche, Grashalm, _grasen_, Gras
Preis, preislich, preiswert, preisgünstig, _anpreisen_

Seite 36:

1 _aufgeräumt_ kommt von _Raum_, _beschädigen_ von _Schaden_, _bläulich_ von _blau_, _fälschen_ von _falsch_, _das Geräusch_ von _rauschen_, _häufig_ von _Haufen_, _kämpfen_ von _Kampf_, _das Päckchen_ von _packen_, _quälen_ von _Qual_, _die Sträucher_ von _Strauch_ und _zänkisch_ von _Zank_

2 bäuerlich – der Bauer, die Braut – der Bräutigam, gebräuchlich – brauchen, das Haus – häuslich, häuten – die Haut, käuflich – kaufen, läuten – der Laut, rauben – der Räuber, der Rauch – räuchern, der Raum – räumen, säubern – sauber, sauer – säuerlich, der Schaum – schäumen, die Schnauze – schnäuzen, der Traum – träumen, des Zäunchen – der Zaun

3 die Angst: ängstlich
fangen: der Fänger, das Gefängnis
faul: die Fäulnis
saugen: der Säugling
der Tag: täglich, alltäglich
taufen: der Täufling, der Täufer
die Wahl: der Wähler

Seite 37:

4 Glas + scheibe, Stoff + fetzen, Glas + schmuck, Flug + gerät, Schiff + fahrt, Nacht + tiere, Kunst + stoff + flasche,
ver + reisen, über + raschen, an + nehmen, weg + geben

5 Tafellappen, Spinnennetz, Nebelleuchte, Ohrring, Bilderrahmen, Topfpflanze

6 ver-: verrechnen, versuchen, verreisen, verraten, verschließen, verschenken
über-: überreden, überrumpeln
aus-: ausrechnen, aussuchen, ausreisen, ausschließen, ausreden, ausschenken

7 ölig, mehlig, ek(e)lig, buck(e)lig, stach(e)lig, neb(e)lig

Seite 38:

1 brül len, die Do sen, die Fe der, die Fel der, fres sen, die Hän de, die Hel den, die Hun de, der Ju bel, die Kin der, knal len, knur ren, der Kor ken, die Ku gel, die Kü he, der Ma gen, der Re gen, die Rin der, rol len, schnap pen, wip pen

2

brül-len	die Fel-der	die Do-sen
fres-sen	die Hän-de	die Fe-der
knal-len	die Hel-den	der Ju-bel
knur-ren	die Hun-de	die Ku-gel
rol-len	die Kin-der	die Kü-he
schnap-pen	der Kor-ken	der Ma-gen
wip-pen	die Rin-der	der Re-gen

Seite 39:

1 bellt – wir bel-len – das Gebell, hasst – wir has-sen – der Hass, kommt – wir kom-men – gekommen, kennt – wir ken-nen – bekannt, brennt – wir bren-nen – gebrannt, kippt – wir kip-pen – der Kipper, brummt – wir brum-men – der Brummer, knallt – wir knal-len – der Knall, fällt – wir fal-len – der Fall, lässt – wir las-sen – gelassen, frisst – wir fres-sen – gefressen, rennt – wir ren-nen – das Rennen, glimmt – wir glim-men – der Glimmstängel, verpasst – wir verpas-sen – verpasst

2 Ein wachsamer Hund _bellt_, wenn ein Fremder _kommt_.
Er _kennt_ alle Geburtstage seiner Mitschüler.
Puh, die Sonne _knallt_ so richtig vom Himmel!
Wenn das Licht _brennt_, dann kommen die Motten.
Manchmal _brummt_ auch der Kopf, dann hast du zu viel gearbeitet und dich zu sehr angestrengt.
André versucht sich zu befreien, doch Martina _lässt_ nicht locker.
Die Asche im Kamin _glimmt_ noch nach.
Mein Vogel _frisst_ mir aus der Hand.
Er _hasst_ es, morgens so früh aufzustehen.
Jeden Morgen _rennt_ er zum Bus, sonst _verpasst_ er ihn.
Steffi _kippt_ häufig vom Stuhl.
Die Temperatur _fällt_ heute Nacht unter den Gefrierpunkt.

Seite 40

1 hei zen, der Dac kel, den ken, e keln, die Hit ze, die Wur zel, die Käu ze, die Ker ze, krat zen, die Kreu ze, die Lu ke, mer ken, die Mü cke, die Müt ze, die Pflan zen, quie ken, der Rü cken, schau keln, schen ken, scher zen, die Schnau ze, die Schne cke, die Spit ze, spuc ken, spu ken, stin ken, tan zen, der Wei zen, wel ken, die Wit ze

2

der Dackel	denken	heizen
die Hitze	die Wurzel	ekeln
kratzen	die Kerze	die Käuze
die Mücke	merken	die Kreuze
die Mütze	die Pflanzen	die Luke
der Rücken	schenken	quieken
die Schnecke	scherzen	schaukeln
die Spitze	stinken	die Schnauze
spucken	tanzen	spuken
die Witze	welken	der Weizen

Seite 41:

k oder ck

Spalte 1	Spalte 2	Spalte 3
sie backt	backen	der Bäcker
er lenkt	lenken	der Lenker
es zuckt	zucken	die Zuckung
es spukt	spuken	der Spuk
er spuckt	spucken	die Spucke
sie trinkt	trinken	das Getränk
es leckt	lecken	abgeleckt
es schmeckt	schmecken	der Geschmack
er quiekt	quieken	das Quieken

z oder tz

Spalte 1	Spalte 2	Spalte 3
es kratzt	kratzen	verkratzt
es grunzt	grunzen	das Grunzen
er heizt	heizen	die Heizung
es reizt	reizen	die Reizung
es nutzt	nutzen	der Nutzen
er putzt	putzen	der Hausputz
er flitzt	flitzen	der Flitzer
es blitzt	blitzen	der Blitz
sie hetzt	hetzen	die Hetze

Seite 42:

2 Kis-sen, Bis-sen, Schüs-sel, Rüs-sel
Ma-ße, Stra-ße, Stö-ße, Grö-ße

Das ss steht immer dann, wenn die betonte Silbe **geschlossen** (Kis-sen) ist.
Das ß steht immer dann, wenn die betonte Silbe **offen** (Ma-ße) ist.

3 die Küsse, die Klöße, die Grüße, die Pässe, die Späße, die Nüsse, die Flüsse, die Sträuße, die Fässer, die Füße, die Straße, die Gassen

4 das Schloss – die Schlös-ser, der Fuß – die Fü-ße, es gießt – wir gie-ßen, der Schuss – die Schüs-se, der Biss – die Bis-se, der Riss – die Ris-se, er saß – wir sa-ßen, es muss – wir müs-sen, sie lässt – wir las-sen, sie schließt – wir schlie-ßen

5 Das Hemd passt zur Hose. Jeder Pass enthält ein Passbild. Sie grüßt ganz lieb. Ein Brief endet immer mit einer Grußformel. Mir ist der Spaß vergangen. Er ist ein richtiger Spaßvogel.

Seite 43:

1, 2 bohren, der Bote, die Brote, der Bruder, die Fahne, die Fragen, die Gabel, gähnen, geben, die Höhle, die Hühner, der Jubel, die Kehle, der Lehm, ehren, loben, der Magen, die Möhre, nehmen, der Rahmen, die Säge, sagen, stehlen, treten

3 Der König trägt oft eine goldene Krone.
Den oberen Teil eines Baumes nennt man auch Krone.
Obwohl mein Onkel kein König ist, hat er vom Zahnarzt eine Krone bekommen.
Dieses Jahr gab es in der Nordsee besonders viele Quallen.
Viele fahren mit dem Fahrrad zur Schule.
Einige Bilder brauchen einen neuen Rahmen.
Wenn jemand große Töne spuckt, ist er ein Angeber.
Es gibt Sahnequark und Speisequark.
Ich fahre gerne mit der Bahn.
Kränze werden gebunden oder geflochten.
Ein Schal ist ein langes, schmales Halstuch.

Seite 44:

2 Es war ein wunderschöner Ferientag und ich ging zur Skaterbahn. Dort traff (traf) ich Sebastian und fragte ihn, ob ich sein Skateboard haben dürfte. Ich freute mich (Komma), das (dass) er es mir sofort erlaupte (erlaubte). Zuerst klapte (klappte) alles prima. Dann rutschte ich ab und das Skateboard schlug gegen meinen Kopf. Janos fuhr mich mit dem Fahrrad zum Krankenhaus. Dort half mir zuerst keiner weiter, die Notaufnahme muste (musste) ich selbst finden. Die Wunde wurde mit fünf stichen (Stichen) genäht.

Seite 45:

1 Alle Wörter werden mit aa, ee oder oo geschrieben.

2

Nach Wörtern mit aa, ee, oo ordnen:
– der Aal, das Haar, das Paar, der Staat
– das Beet, der Schnee, die Fee, der Klee, leer, das Meer, der See, der Tee, der Teer
– das Boot, doof, das Moos, der Zoo

Zu einsilbigen Wörtern die Langform bilden:
der Aal – die Aale, das Beet – die Beete, das Boot – die Boote, der Schnee – (kein Plural möglich), doof – der doofe Junge, die Fee – die Feen, das Haar – die Haare, der Klee – (kein Plural möglich), leer – die leere Dose, das Meer – die Meere, das Moos – die Moose, das Paar – die Paare, der See – die Seen, der Staat – die Staaten, der Tee – die Tees, der Teer – die Teere, der Zoo – die Zoos

Seite 46:

1, 2 am großen, alten Baum, im runden Turmfenster, das ungute Gefühl, sein ängstlicher Blick und der unsichere Gang, vom knorrigen Baumstumpf aus, die umgestürzte Leiter, schwaches Licht, verdächtige Geräusche, lange, dunkle Schatten, eine unheimliche Stille, sein pochendes Herz, ein lustiger, unvergesslicher Streich

4 Der Baum dient vielen Tieren als wichtiger Lebensraum. Auf ihm findet man eine Fülle von unterschiedlichen Tierarten. Die meisten Tierarten sind sehr klein und gehören zur Gruppe der Wirbellosen. Man hat festgestellt, dass auf einer ausgewachsenen Eiche bis zu 300 verschiedene Insektenarten vorkommen. 100 davon gehören zu den Schmetterlingen. Ihre Larven leben in und auf den Blättern. Die Bäume müssen sich gegen den Raub ihrer Nährstoffe und auch gegen kleine und große Beschädigungen wehren. Bäume haben dazu verschiedene chemische Stoffe entwickelt, die in den Blättern und im Holz gespeichert werden.

Seite 47:

5, 6 Bei der letzten Arbeit ist uns das Lachen vergangen.
Während der Theatervorführung mussten wir oft lachen.
Ich schreibe gerne lange Geschichten. Beim Schreiben brauche ich viel Ruhe.
Am Gehen erkenne ich ihn sofort. Wir gehen nach Hause.
Er muss oft rechnen. Sein Rechnen muss er verbessern.
Während der Klassenfahrt werden wir häufig wandern.
Zum Wandern braucht man gute Schuhe.
Vom Singen sind wir schon ganz heiser. Wir singen im Chor.
Vor dem Essen waschen wir uns schnell die Hände. Wir essen gern Spaghetti.

7 Für einen Aufenthalt im Wald erarbeiten die Schülerinnen und Schüler gemeinsam Verhaltensregeln, die sie befolgen wollen: Verboten ist das Beschädigen von Bäumen und Sträuchern. Alle wollen das laute Rufen und das Rumschreien auf jeden Fall unterlassen und als Gäste des Waldes die Tiere nicht unnötig stören.

Es gibt verschiedene Arten des Lachens. Man kann herzlich, fröhlich, laut, aber auch schadenfroh, frech und leise lachen. Das Grinsen ist ein schadenfrohes Lachen, das Kichern ein leises Lachen. Wenn Menschen lächeln, zeigen sie anderen ihre Freundlichkeit. Das Lachen kann auf andere ansteckend wirken.

Du kannst deutlich, leserlich oder unordentlich, undeutlich, unleserlich schreiben. Das ordentliche Schreiben kannst du lernen. Beim Schreiben machen wir häufig auch Fehler. Deinen Aufsatz kannst du vorschreiben. Beim Vorschreiben kannst du dich zunächst auf den Inhalt konzentrieren. Später beim Überarbeiten kannst du dann auch das Rechtschreiben überprüfen.

Seite 48:

8 Wir treffen uns an der grünen Bank. Wir fahren dann ins <u>Grüne</u>. Es soll nicht mehr dunkel sein. Im <u>Dunkeln</u> können wir nichts erkennen.
Vergiss nicht für das <u>Süße</u>, das <u>Saure</u> und das <u>Gebratene</u> zu sorgen. Peter isst gern die süßen Kirschen, Karin lieber die sauren Äpfel aus dem Garten und Thomas braucht unbedingt sein gebratenes Hähnchen am Grill. Ich habe im Moment vom <u>Süßen</u> und von dem <u>Sauren</u> die Nase voll, auch vom <u>Gebratenen</u>.

9, 10 Es war ein großartiges Fest. Wir haben <u>etwas Großartiges</u> erlebt.
<u>Alles Langweilige</u> war wie weggeblasen. Mir war nie langweilig.
<u>Manches Falsche</u> und <u>viel Dummes</u> wird erzählt. Das sind aber alles falsche Behauptungen und dumme Gerüchte.

11 Das **S**chöne muss man nicht immer in der **F**erne suchen. Auch die nähere Umgebung hat oft viel **I**nteressantes und manches **K**ostbare zu bieten. Für die **K**leinen gibt es vielfältige Spielangebote, für die **G**roßen einige Fahrradtouren. Viele Sehenswürdigkeiten ziehen die **J**ungen und die **A**lten in gleicher Weise an. Zur Stärkung gibt es unterwegs viel **S**chmackhaftes in den Kiosken und den Restaurants.

Seite 49:

12 -heit: die Bosheit, die Dummheit, die Freiheit, die Neuheit, die Krankheit, die Seltenheit, die Verrücktheit
-keit: die Dankbarkeit, die Fähigkeit, die Flüssigkeit, die Freundlichkeit, die Sauberkeit, die Übelkeit, die Zärtlichkeit
-nis: das Ärgernis, die Erlaubnis, das Erlebnis, die Kenntnis, das Geheimnis, das Hindernis, das Gleichnis
-ung: die Wohnung, die Übung, die Lesung, die Befragung, die Fälschung, die Vergebung, die Meinung

13 die Ärgernisse, die Erlaubnisse, die Erlebnisse, die Kenntnisse, die Geheimnisse, die Hindernisse, die Gleichnisse

14 das Böse, etwas Böses, der Dankbare, der Dumme, etwas Dummes, die Fähige, das Gleiche, viel Gleiches, das Flüssige, alles Flüssige, der Freie, die Freundliche, etwas Geheimes, viel Neues, der Neue, die Kranke, etwas Sauberes, etwas Seltenes, viel Übles, der Verrückte, die Zärtliche ...

Seite 50:

3 Der Fuchs sagt: „Manchmal blättere ich gern mal in einem Kochbuch."
„Manchmal blättere ich gern mal in einem Kochbuch", sagt der Fuchs.
„Manchmal", sagt der Fuchs, „blättere ich gern mal in einem Kochbuch."

Die Gans fragt: „Was ist eigentlich dein Lieblingsgericht?"
„Was ist eigentlich dein Lieblingsgericht?", fragt die Gans.
„Was ist eigentlich", fragt die Gans, „dein Lieblingsgericht?"

Der Fuchs ruft: „Das weißt du doch ganz genau!"
„Das weißt du doch ganz genau!", ruft der Fuchs.
„Das weißt du", ruft der Fuchs, „doch ganz genau!"

Seite 51:

4 Als der Roboter in die Autobahnraststätte kommt, sieht er einen Spielautomaten. „Hallo, Kumpel", sagt der Roboter und klopft dem Spielautomaten auf den Rücken. Da beginnt der Automat zu scheppern und spuckt eine ganze Ladung Münzen aus. Erschrocken sagt der Roboter: „Mit diesem Husten solltest du aber zu Hause bleiben."

Tobias hält ein Referat über Flugzeuge und beschließt es mit den Worten: „Sie können alles, was Vögel auch können, und mehr." „Dann möchte ich doch zu gern sehen, wie sie Eier legen", tönt es irgendwo hinten in der Klasse.

Der eine: „Ist das nicht komisch? Sie heißen Groß und sind ganz klein." Der andere: „Was ist daran komisch? Sie heißen auch Weber und sind ein Spinner."

Es hat Zeugnisse gegeben. Dennis kommt nach Hause und sagt zu seinen Eltern: „Also eigentlich habe ich eine gute Nachricht für euch." „Wieso?" „Ihr braucht für das kommende Schuljahr keine neuen Bücher für mich zu kaufen."

Seite 52:

1 (<u>Lege</u> einen Streifen Papier über eine glatte Tischkante) und (<u>stelle</u> einen Stift mit dem geraden Ende <u>darauf</u>). (<u>Dann kannst</u> du das Papier <u>entfernen</u>). (Den Bleistift <u>darfst</u> du dabei nicht <u>berühren</u> und <u>umwerfen</u>). (<u>Ziehst</u> du das Papier langsam <u>fort</u>), (<u>fällt</u> der Stift garantiert <u>um</u>). (<u>Der Versuch gelingt</u>), (wenn du mit einer Hand den Papierstreifen <u>festhältst</u>) und (mit dem Zeigerfinger der anderen Hand blitzschnell auf den Streifen <u>schlägst</u>). (<u>Kannst du erklären</u>), (warum der Bleistift <u>stehen bleibt</u>)?

Seite 53:

(Jana <u>hat</u> für die Zauberstunde einen Trick mit Wasserglas und Münze <u>vorbereitet</u>). (Sie <u>sitzt</u> als Zauberin verkleidet vor der Klasse). (Vor ihr auf dem Tisch <u>liegt</u> ein knallroter Papierbogen). (Darauf <u>steht</u> ein Wasserglas mit der Öffnung nach unten). (Neben dem Glas <u>liegt</u> ein glänzendes Eurostück). (Aus der Tasche <u>zieht</u> Jana ein weißes Tuch). (Das <u>deckt</u> sie über das Glas) und (<u>hebt</u> beides hoch). (Jetzt <u>spricht</u> sie langsam ihren Zauberspruch). (Sie <u>setzt</u> dabei das Glas ab) und (<u>bittet</u> einen Mitschüler das Tuch <u>wegzunehmen</u>). (Die Münze <u>ist</u> spurlos <u>verschwunden</u>).

(Später <u>verrät</u> Jana der Klasse ihren Trick):

(Man <u>braucht</u> dafür zwei gleichfarbige Bögen Buntpapier und ein Wasserglas). (Auf einen Bogen <u>stellt</u> man das Wasserglas mit der Öffnung nach unten). (Mit dem Bleistift <u>zieht</u> man einen Kreis um das Glas) und (<u>schneidet</u> ihn sorgfältig aus). (Jetzt <u>klebt</u> man die Papierscheibe auf den Glasrand des Wasserglases). (Den unzerschnittenen Bogen <u>legt</u> man auf den Tisch). (Das Wasserglas <u>stellt</u> man mit der zugeklebten Öffnung nach unten darauf) und (<u>legt</u> eine Münze daneben), (<u>überdeckt</u> das Glas geheimnisvoll mit dem Tuch) und (<u>sagt</u> einen Zauberspruch), (den man sich vorher <u>ausgedacht</u> hat).

(Jetzt <u>wird</u> das Glas zusammen mit dem Tuch <u>hochgehoben</u>) und (über die Münze <u>gestülpt</u>). (Das Glas <u>wird</u> wieder vorsichtig in die Mitte <u>gerückt</u>) und (das Tuch <u>weggezogen</u>): (Die Münze ist <u>verschwunden</u>). (Übrigens <u>könnt</u> ihr sie auch wieder <u>herbeizaubern</u>). (<u>Wisst</u> ihr auch wie)?

Seite 54:

1 a) stapften, b) rannte, c) stieg, d) bummelte, e) stolperte, f) hinkte, g) hüpfte, h) watete, i) floh, j) jagte

2 rennen, eilen, ~~schleichen~~, joggen, flitzen
bummeln, trödeln, ~~flüchten~~, spazieren, latschen
hinken, ~~fliehen~~, humpeln, stolpern, stapfen
rasen, jagen, sausen, ~~marschieren~~, sprinten

Seite 55:

1 1) Dialekts/Dialektes, 2) Diamanten, 3a) Dinger, 3b) Dinge, 4) Dinos, 5) Disco/Disko, 6) Disketten, 7) Diskusse/Disken, 8) Diskussionen, 9) Distel, 10) Disziplinen

Seite 56:

1 Timo und Lisa sind Geschwister. Timo ist zwölf und Lisa ist erst fünf. Im nächsten Jahr kommt <u>sie</u> in die Schule. Timo mag seine kleine Schwester gern, aber manchmal könnte <u>er</u> <u>sie</u> auf den Mond schießen! Zum Beispiel gestern: Da musste <u>er</u> auf Lisa zwei Stunden lang aufpassen. Erst haben <u>sie</u> schön mit Wasserfarben gemalt. Aber plötzlich hat Lisa <u>ihm</u> das Wasserglas über sein Bild geschüttet. Da hat <u>er</u> <u>sie</u> angeschnauzt. <u>Sie</u> fing natürlich sofort an zu heulen. Da wollte <u>er</u> <u>sie</u> trösten, aber <u>sie</u> war nicht zu beruhigen. Gut, dass Mama bald kam! Die hat Lisa in den Arm genommen – und gleich ging es <u>ihr</u> wieder besser. Mama hat <u>ihn</u> böse angeschaut – na klar, am Ende sollte <u>er</u> noch schuld gewesen sein!

2 Lisa mag ihren großen Bruder Timo gern. Sie möchte immer dabei sein, wenn er mit seinen Freunden zusammen ist. Aber dann schickt Timo seine kleine Schwester meistens weg. Gemein ist das von ihm! Aber gestern hat sie ihn zwei Stunden für sich allein gehabt, weil ihre Mutter weg war. Erst haben sie zusammen gemalt, doch plötzlich ist ihr Wasserglas umgefallen – genau auf sein Bild. Da hat er sie gleich angeschrien. Er hat ihr die Schuld gegeben, dabei hat sie doch gar nichts gemacht. Der Timo kann ihr gestohlen bleiben!

Seite 57:

1 fett gedruckt: Frau Mischke, unterstrichen: die Kinder, **fett und unterstrichen**: die Portmonees:

Liebe Frau Mischke, ich möchte **Ihnen** die beiden Portmonees schicken, die Jakob und Lena gestern bei mir vergessen haben. Damit **Sie** nicht etwa denken, die beiden hätten **sie** verloren, wollte ich **Sie** gestern noch anrufen. Aber **Ihr** Telefon war dauernd besetzt. Also habe ich die Sachen rasch eingepackt und **sie** in den Briefkasten gesteckt. Viel Geld ist in **ihnen** ja nicht drin gewesen. Am besten ist, **Sie** stecken die beiden Portmonees einfach den Kindern wieder in ihre Hosentaschen. Dann merken sie nicht, dass sie **sie** vergessen haben und kriegen kein schlechtes Gewissen. Übrigens: Es war sehr nett mit **Ihren** beiden Kindern; sie haben sich hier auf dem Bauernhof so richtig ausgetobt.

2 Ihnen, Sie, sie, sie, sie, Sie sie, sie, Ihnen

Seite 58:

1 musste, darf, bekam, machten, herumtobten, trieben, durften, gibt, weint, darf

2 gab, fing, schob, kam, packte, brachte, kochten, aß

Seite 59:

1, 2 Ich habe gehört, dass die Kinder früher vor allem christliche Namen (bekommen haben) **bekamen**. Die Eltern (haben) **tauften** die Jungen auf Namen wie Johannes, Matthias und Josef (getauft). Später (hat) **gab** es dann richtig deutsche Namen (gegeben). Die Jungen (hat) **nannte** man Friedrich, Hermann oder Hans (genannt) und die Mädchen Hedwig, Frauke oder Gudrun. Dann (hat) **vergaß** man diese Namen eine Zeit lang (vergessen). Doch in unserer Zeit (haben) **setzten** sich biblische Namen wieder **durch**(gesetzt). In den letzten Jahren (haben) **gaben** Eltern ihren Kindern Namen wie Daniel, Lukas, Maria und Sarah (gegeben). Auf der Hit-Liste der Mädchennamen (haben) **standen** vor kurzem Sophie, Anna und Laura (gestanden), bei den Jungen die Namen Alexander, Maximilian und Paul. In Amerika (hat) **gab** es immer auch Namen (gegeben), die für Mädchen und Jungen gleich (ausgesehen haben) **aussahen**. Dort (hat) **erfand** man sogar neue Namen wie Chanti oder Rashueen (erfunden). Ob man damit ein Mädchen (gemeint hat) **meinte** oder einen Jungen, das (hat) **interessierte** keinen (interessiert). Aber die Eltern (haben) **wussten** es sicher (gewusst)!

Seite 60:

1 backen, backte/buk, gebacken; biegen, bog, gebogen; bitten, bat, gebeten; braten, briet, gebraten; dürfen, durfte, gedurft/dürfen; essen, aß, gegessen; fallen, fiel, gefallen; frieren fror, gefroren; gelten, galt gegolten; gewinnen, gewann, gewonnen; gießen, goss, gegossen; heißen, hieß, geheißen; kneifen, kniff, gekniffen; laufen, lief, gelaufen; liegen, lag, gelegen; müssen, musste, gemusst/müssen; raten, riet, geraten; ringen, rang, gerungen; saugen, sog/saugte, gesaugt

Seite 61:

1 bügeln, bügelnd, gebügelt; kauen, kauend, gekaut; fallen, fallend, gefallen; machen, machend, gemacht; putzen, putzend, geputzt; leuchten, leuchtend, geleuchtet; schmelzen, schmelzend, geschmolzen; schneiden, schneidend, geschnitten; spielen, spielend, gespielt; kaufen, kaufend, gekauft

2 Für Schulbusfahrer sind Kaugummi kauende Schüler ein rotes Tuch.
Die frisch gebügelten Hemden und Blusen werden auf Kleiderbügeln in den Schrank gehängt.
Die schmelzenden Gletscher in Alaska sind ein deutlicher Hinweis auf die langsame Erwärmung der Erde.
Um Tomaten in Scheiben zu schneiden benötigt man ein gut schneidendes Messer mit Wellenschliff.
Selbst gemachte Plätzchen sind immer noch die besten.
Bei Nacht sind leuchtende Streifen an der Kleidung wichtig, damit man von den Autofahrern nicht übersehen wird.

Seite 62:

Die Eiche ist höher als die Birke.
Dafür ist die Birke aber schlanker als die Eiche.
Die Birke ist größer als der Apfelbaum.
Dafür ist der Apfelbaum breiter als sie.
Die Tanne ist genauso groß wie die Birke.
Die Fichte sieht der Tanne am ähnlichsten.
Auf unserem Bild ist sie am größten von allen Bäumen.
Den dünnsten Stamm hat die Birke,
den dicksten aber die Eiche.

2 Fichte, Birke, Apfelbaum, Tanne, Eiche

3 a) größer als, b) dick wie, c) kleiner als, d) genauso groß wie, e) am kleinsten, f) breiteste, g) dünnsten, h) am weitesten, i) am nächsten

Seite 63:

1
1. Ich habe verschiedene Tiere zu Hause, aber am liebsten habe ich meinen Hund.
2. Meine Eltern schenkten ihn mir, als ich alt genug war um ihn selbst versorgen zu können.
3. Er wartet immer schon, wenn ich mittags von der Schule nach Hause komme.
4. Meist ist er ganz ungeduldig, denn er will endlich ins Freie.
5. Leider muss ich ihn fast immer an der Leine haben, weil er gar nicht gut folgt.
6. Auf meine Befehle hört er nur manchmal, obwohl ich mit ihm in der Hundeschule war.
7. Von Zeit zu Zeit lasse ich ihn trotzdem frei laufen, nachdem wir uns weit genug von der Straße entfernt haben.
8. Davor jedoch füttere ich ihn stets mit Leckereien, damit er gerne wieder zu mir zurückkehrt.
9. Manchmal frage ich mich, ob er das versteht.

Seite 66:

1 gestern, zu uns in die Klasse, mit ernster Stimme,
in den Pausen, auf die Toilette, zwischen den Rädern,
am Fahrradstand, ganz schnell, möglichst bald

2 vor fünf Minuten, vor dem Fahrradstand, groß und schlank, aufgeregt, hinter dem Sportplatz

Seite 67:

1, 2 Der große Moritz lauerte _dem kleinen Joschi_ auf. Er stellte sich _dem Jungen_ in den Weg. _Dem kleinen Joschi_ wurde etwas komisch. Der blonde Tobi folgte _seinem Freund Joschi_. Er wollte _ihm_ helfen. Der große Moritz drohte _dem Joschi_. Er wollte _dem Kleinen_ eins auswischen. Das gefiel _seinem Freund Tobi_ überhaupt nicht. Der trat _dem Großen_ furchtlos gegenüber. Das passte _dem Moritz_ überhaupt nicht. Er drohte _dem Blonden_. Das imponierte _dem Tobi_ aber nicht. Nun wollte der große Moritz _dem Joschi_ weh tun. Da sagte sein Freund Tobi: „Komm, _dem/diesem Großen_ ist alles zuzutrauen, wir laufen _dem/diesem Blödmann_ einfach weg!" Und das glückte _dem kleinen Joschi und dem blonden Tobi_ auch. Und dann waren sie _ihm_ entflohen. Der Große sprang _dem Freundespaar_ noch einige Schritte hinterher, doch dann waren sie _ihm_ entwischt. Sie waren _ihm_ einfach zu schnell.

Seite 68:

2 1) den Braten, 2) die Schüssel Kartoffelbrei, 3) einen dicken Haufen, 4) einen Löffel Soße, 5) einen Schluck Wein, 6) seinen Stuhl, 7) seinen Schnuller, 8) einen Knochen, 9) ihren Katzennapf, 10) einen guten Appetit

Seite 69:

1 Dackel, Collie, Dalmatiner oder Pekinese und Schäferhund sind beliebte Hunderassen.
Bei der Jagd sind Hunde gute Helfer der Jäger. Mit ihrer empfindlichen Nase erschnuppern sie die Spuren von Kaninchen, Füchsen, Wildschweinen und anderen Tieren. Oder sie zeigen dem Jäger ihren Unterschlupf oder ihr Versteck.
Ein Polizeihund wittert mit der Nase die Spur des Räubers, Lawinenhunde spüren verschüttete Skiläufer auf, Hirtenhunde hören oder riechen das Raubtier und verscheuchen es.

3 Die Mutter ruft am Morgen mehrere Male. Im Kühlschrank warten Marmelade, Käse und frische Milch. Im Bad rauscht das Badewasser. Im Toaster steckt das Toastbrot. Im Radio spricht jemand den Wetterbericht. Durch die Gardinen fallen die ersten Sonnenstrahlen auf mein Bett und mich bekommt keiner aus den Federn.

4, **5** In Mikes Zimmer herrscht wie an jedem Morgen ein großes Durcheinander. Auf dem Fußboden liegen einige CDs. Zwischen Socken und anderen Kleidungsstücken unter dem Bett sieht man Zeitschriften und eine Pappschachtel mit Urlaubserinnerungen. Die Schubläden und Türen des Kleiderschranks sind geöffnet. Auf der Bettdecke hat Mike einige Hefte und Schulbücher verteilt. Auf der Heizung trocknet seine Badehose. Der Turnbeutel mit Turnschuhen, Handtuch und Turnhose hängt an der Türklinke. Nur den Goldfisch auf dem Fensterbrett scheint das alles nicht zu stören.

Seite 70:

1 als, bis, weil, bevor/bis, nachdem

2 <u>Als ein Hochwasser seine Hütte überschwemmte,</u> flüchtete sich ein argentinischer Fischer auf einen Baum.
<u>Bis das Hochwasser wieder zurückging,</u> <u>musste er dort oben sitzen bleiben.</u>
<u>Weil er oben im Baum keine andere Nahrung hatte,</u> <u>ernährte er sich von Blättern und Wasser.</u>
<u>Bevor/bis ihn andere Menschen entdeckten,</u> <u>musste der Baumbewohner mehrere Tage warten.</u>
<u>Nachdem man die Polizei benachrichtigt hatte,</u> <u>holte ihn ein Hubschrauber aus dem Baum.</u>

Seite 71:

1, **2** Einmal wollte Paul mich besuchen, <u>weil</u> wir miteinander Hausaufgaben machen wollten. Er rief aber vorher an, <u>ob</u> ich denn auch zu Hause sei. Da sagte meine Mutter, <u>dass</u> ich mal ans Telefon kommen soll. Ich rannte auch schnell hin, <u>aber</u> meine Mutter hatte aus Versehen das Telefon wieder aufgelegt. Paul legte natürlich auch wieder auf, <u>weil</u> er nichts mehr gehört hatte. Er rief mich dann noch ein zweites Mal an, <u>nachdem</u> er etwas gewartet hatte. Zur gleichen Zeit rief ich ihn aber auch an. Doch da war bei ihm natürlich besetzt, <u>da</u> er ja den Hörer in der Hand hatte. Und er konnte mich auch nicht erreichen, <u>denn</u> ich hatte ja gerade seine Nummer gewählt. Man kommt einfach nicht zusammen, <u>wenn</u> man so etwas macht. Paul kam dann doch noch, <u>obwohl</u> er mich nicht erreicht hatte. Wir redeten aber erst noch einmal über unsere Telefoniererei, <u>bevor</u> wir uns an die Hausaufgaben machten. Wir machten uns klar, <u>wie</u> das alles geschehen konnte. Am Telefon können komische Sachen passieren, <u>sodass</u> man nachher nur lachen kann.

3 aber, bevor, da, dass, denn, nachdem, ob, obwohl, sodass, weil, wenn, wie

Seite 72:

1 Maschinen, dröhnen, Gelände, Gaspedale, Paradies, wühlen, Vollgas, Knirpse, Kippbagger, schmuggeln, waren, inzwischen, Erfolges, Spaß, billig

Seite 73:

2 Kurve, Chlor, Container, korrigieren, Cowboy, Kordel, Chrom, Couch, kreideweiß, Collage, kritzeln, Crashkurs, Chamäleon

3 Felsblock, Viereck, Physik, forschen, Ferkel, Pharao, Volltreffer, Fieber, Verein, Föhn, vorwärts, Philippinen,
versuchen, philosophieren, fertig

4 Der berühmte Entdecker heißt: KOLUMBUS.

Seite 74:

2 Floh, flackern, fluchen, Fleck, flott

3 *Rucksack* zwischen *Rübe* und *Rückweg*.

Kumpel zwischen *Küken* und *Kunde*.

Doof zwischen *Dollar* und *doppelt*.

Streit zwischen *Streik* und *Strick*.

Quartett zwischen *Quark* und *Quatsch*

Seite 75:

1 wiegen, verlieren, brechen, gewinnen, kneifen, hängen, schmeißen, fliehen, pfeifen, schneiden

2 durstig, hoch, gefräßig, gut, lustig, lang

Seite 76:

Berggorilla unter *Berg* und *Gorilla*, *Panzernashorn* unter *Panzer* und *Nashorn*, *Feldspitzmaus* unter *Feld* und *Spitzmaus*

1 die Felswand: der Fels + die Wand
die Kuckucksuhr: der Kuckuck + die Uhr
das Riesenrad: der Riese + das Rad
der Schaufelbagger: die Schaufel + der Bagger
die Blinddarmentzündung: der Blinddarm + die Entzündung
der Kreisverkehr: der Kreis + der Verkehr

2 die Sumpfgeister, die Moorhexen, die Wassermänner, die Wasserwölfe, die Bisamratten, die Schilfzwerge, die Moorgespenster

Seite 77:

1 Diese Texte handeln von Hasen: 6, 8
Diese Texte handeln von Goldhamstern: 4, 5
Diese Texte handeln von Hunden: 2, 7
Die beiden anderen Texte (1, 3) handeln von Katzen.

Seite 78:

2 a) in den Dreißigerjahren, b) weil er einen oder zwei Rotoren hat, c) die nur einen Rotor haben

wortstark 2

Baden-Württemberg

Werkstattheft mit Lernsoftware
Hauptschule

Schroedel

wortstark 2
Baden-Württemberg

Werkstattheft mit Lernsoftware
Hauptschule

Erarbeitet von August Busse, Heike Hegemann, Ingrid Hintz, Theo Kaufmann, Edith Kühnle-Wick, Eleonore Preuß und Fritz Wiesmann

Bearbeitet von Ursula Erdmann, Ulrike Forster, Peter Haußmann, Elisabeth Neubert, Ellen Piepenbrink, Marianne Seibold und Anne Sikora

Textquellen:
S. 6: Gerhard Rutsch: Tierisches. Aus: Alles Unsinn. Deutsche Ulk- und Scherzdichtung von ehedem bis momentan. Hrsg. von Heinz Seydel. Berlin: Eulenspiegel 1985. S. 180f. **S. 7:** Mascha Kaléko: Wenn ich ein Wolke wäre. Aus: M. Kaléko. Wie's auf dem Mond zugeht. Hamburg: Thorbecke. **S. 8:** Eva Rechlin: In dieser Minute. Aus: So viele Tage wie das Jahr hat. Hrsg. von James Krüss. Gütersloh: Bertelsmann 1959. **S. 9:** J. Richter: Ich weine, bis die Sonne scheint. 1. Strophe von „Liebeslied Nr. 1". Aus: J. Richter. Verlass mich nicht zur Kirschenzeit. Liebesgedichte. Zürich: Nagle & Kimche 2000; W. C. Williams: So viel hängt ab von. Titel des Gedichts: Die rote Schubkarre. Ins Deutsche übertragen von Adelheid Zöfel. Aus: Sharon Creech. Der beste Hund der Welt. Frankfurt a. M.: Fischer 2003. **S. 10:** S. Meister: Der Jagdhund und die Katze. Originalbeitrag; M. Luther: Vom Hund im Wasser. In die Sprache unserer Zeit übertragen nach dem Originaltext Luthers aus: Martin Luthers Fabeln. Hrsg. von Willi Steinberg. Halle/Saale: Niemeyer 1981. **S. 11:** W. Busch: Fink und Frosch. Aus: W. Busch. Sämtliche Werke in zwei Bänden. Hrsg. von Rolf Hochhuth. Gütersloh: Bertelsmann 1982. **S. 12:** nach Äsop: Die tote Katze. Aus: Antike Fabeln. Eingeleitet und neu übertragen von Ludwig Mader. Zürich: Artemis 1951. S. 63. **S. 13:** R. Kirsten: Wer hat Recht? Aus: R. Kirsten. Hundertfünf Fabeln. Zürich: Logis 1960. S. 75. **S. 14:** Abashi, der kluge Narr. Originalbeitrag. **S. 15, 16:** Hodscha und der Pelz. Aus: Michaela Ulich, Pamela Oberhuemer (Hrsg.). Es war einmal, es war keinmal ... Weinheim und Basel: Beltz 1985. S. 212f., 214f. **S. 17:** Irgendetwas fiel herunter/Eins für andere. Aus: Idries Shah. Die fabelhaften Heldentaten des vollendeten Narren und Meisters Mulla Nasrudin. Feribung/Basel/Wien: Herder 1984. S. 96, 102. **S. 72:** Wühlen im Dreck. Aus: Geolino 6/2003. S. 10f. **S. 74:** Ausschnitt aus: Schülerduden. Rechtschreibung und Wortkunde. Mannheim: Bibliographisches Institut & F. A. Brockhaus 2001. **S. 76:** E. Moser: Das Haus im Moor, eine Gruselgeschichte. Aus: Eines Tages. Hrsg. von Hans Joachim Gelberg. Weinheim/Basel: Beltz 2002. S. 60. **S. 77, 78, 80:** Texte aus: Der Kinder-Brockhaus in vier Bänden. Mannheim: Brockhaus 2001.

Bildquellen:
S. 11: Aus: W. Busch. Sämtliche Werke in zwei Bänden. Hrsg. von Rolf Hochhuth. Gütersloh: Bertelsmann 1982. **S. 79:** Arco/P. Wegner; **S. 80:** IFA-Bilderteam/index Stock.

ISBN 3-507-48152-9

© 2005 Bildungshaus Schulbuchverlage
Westermann Schroedel Diesterweg Schönigh Winklers GmbH, Braunschweig
www.schroedel.de

Das Werk und seine Teile sind urheberrechtlich geschützt. Jede Nutzung in anderen als den gesetzlich zugelassenen Fällen bedarf der vorherigen schriftlichen Einwilligung des Verlages. Hinweis zu § 52 a UrhG: Weder das Werk noch seine Teile dürfen ohne eine solche Einwilligung gescannt und in ein Netzwerk eingestellt werden. Dies gilt auch für Intranets von Schulen und sonstigen Bildungseinrichtungen.

Druck A $^{5\ 4\ 3\ 2\ 1}$ / Jahr 2009 08 07 06 05

Alle Drucke der Serie A sind im Unterricht parallel verwendbar,
da bis auf die Behebung von Druckfehlern untereinander unverändert.
Die letzte Zahl bezeichnet das Jahr des Druckes.

Illustrationen: Manfred Bofinger, Sabine Lochmann und Katja Schmiedeskamp
Umschlaggestaltung und Lay-out: Janssen Kahlert Design & Kommunikation, Hannover
Satz: MoreMedia GmbH, Dortmund
Druck und Bindung: pva, Druck und Medien-Dienstleistungen, Landau

INHALTSVERZEICHNIS

WERKSTATT GEDICHTE
- 6 Reimwörter finden
- 7 Einem Gedicht die Reime wiedergeben
- 8 Ein Gedicht sinngestaltend lesen
- 9 Parallelgedichte schreiben

WERKSTATT Geschichten
- 10 Fabeln lesen und untersuchen
- 11 Eine Fabel in Gedichtform bringen
- 12 Aus der Sicht eines Fabeltiers erzählen
- 13 Eine Fabel ergänzen
- 14 Fehler in einer Schelmengeschichte finden
- 15 Aus der Sicht eines Schelms erzählen
- 16 Abschnitte einer Schelmengeschichte ordnen
- 17 Eine Schelmengeschichte nacherzählen

WERKSTATT Schreiben
- 18 Rezepte aufschreiben
- 20 Gegenstände beschreiben
- 21 Einen Hund beschreiben
- 22 Von Ereignissen berichten
- 24 Spannend erzählen
- 26 Zu einem Thema Stellung nehmen
- 30 Eine Heftseite zweckmäßig gestalten
- 31 Einen Bericht überarbeiten
- 32 Eine spannende Geschichte überarbeiten

WERKSTATT Rechtschreiben
- 34 Rechtschreibstrategien wiederholen
- 38 l, m, n . . . einfach oder doppelt?
- 40 k oder ck? z oder tz?
- 42 Wann ss und wann ß?
- 43 Wörter mit oder ohne Dehnungs-h
- 44 Fehler finden – Fehler benennen – Fehler berichtigen
- 45 Tipps und Hilfen zum Üben
- 46 Groß oder klein?
- 50 Satzzeichen bei wörtlicher Rede
- 52 Satzzeichen setzen

WERKSTATT Sprache
- 54 Wortfelder
- 55 Nomen
- 56 Personalpronomen und Possessivpronomen
- 57 Anredepronomen
- 58 Die Zeitformen: Präsens oder Präteritum?
- 59 Die Zeitformen: Perfekt und Präteritum

INHALTSVERZEICHNIS

WERKSTATT *Sprache*

60 Die starken Verben
61 Die Partizipien
62 Adjektive
63 Konjunktionen
64 Die Satzglieder: Umstellproben 1
65 Die Satzglieder: Umstellproben 2
66 Adverbiale Bestimmungen
67 Die Objekte: Das Dativ-Objekt
68 Die Objekte: Das Akkusativ-Objekt
69 Zeichensetzung bei Aufzählungen
70 Das Komma in Sätzen mit Konjunktionen

METHODEN LERNEN

72 Zweifeln ist wichtig – erst dann benutzt du das Wörterbuch!
74 Kopf- oder Leitwörter helfen beim Nachschlagen
75 Die Grundform von Verben und Adjektiven bestimmen
76 Zusammengesetzte Nomen zerlegen
77 Genau lesen
78 Wortbedeutungen klären – Informationen entnehmen
79 Informationen sammeln und gliedern

Liebe Schülerin, lieber Schüler!

Dieses Werkstattheft haben wir für dich gemacht, damit du darin arbeiten und üben kannst. Du findest Übungen zum Nachdenken und Raten, zum Lesen, Schreiben und Rechtschreiben.

Wo du anfangen willst, kannst du dir selbst überlegen. Lass dich dabei von deiner Lehrerin oder deinem Lehrer beraten.

Du kannst direkt im Werkstattheft arbeiten (eintragen, anstreichen, schreiben, zeichnen) oder etwas auf ein Blatt Papier schreiben und einkleben, wenn der Platz nicht ausreicht.

Wenn du wissen möchtest, ob du alles richtig gemacht hast, dann kannst du im Lösungsteil nachschlagen. Oft gibt es aber nicht nur eine Lösung, sondern mehrere sind möglich. Arbeite dann mit jemandem zusammen und vergleicht eure Lösungen miteinander. Gebt euch Tipps und helft euch beim Überarbeiten und Berichtigen von fehlerhaften Textstellen. Holt euch dabei auch Hilfe von eurer Lehrerin oder eurem Lehrer.

Das folgende Rätsel kannst du durch Blättern in deinem Werkstattheft und im Jnhaltsverzeichnis lösen. So erhältst du einen ersten Überblick, was dich auf den einzelnen Seiten erwartet.

Wir wünschen dir viel Spaß und Lernerfolg mit dem „wortstark"-Werkstattheft!

Ratereise durch das Werkstattheft

1. Auf Seite 7 hebst du ab – auf Reisen durch die weiten ...

   _ _ _ _ _ _ _ _ _ _ _ _ _ .

2. Um zwei ungleiche Sänger und Flugkünstler geht es in einer Fabel von Wilhelm Busch. Du findest sie in der *Werkstatt Geschichten*. Es sind

   _ _ _ _   _ _ _   _ _ _ _ _ _ .

3. Ihn kennt in der Türkei jedes Kind. Und auch du kannst ihn in der *Werkstatt Geschichten* in einigen Schelmengeschichten kennen lernen:

   _ _ _ _ _ _ _ _   _ _ _ _ _ _ _ _ _ _ .

4. In der *Werkstatt Schreiben* (Seite 18) lernst du, wie du Rezepte so aufschreiben kannst, dass andere nach deiner Beschreibung arbeiten können, z. B. ein Gericht aus China, das in einer Melone serviert wird:

   _ _ _ _ _ _ _ _ _ _ .

5. Etwas spannend erzählen, das möchte jeder können. Im Werkstattheft kannst du das lernen (Seite 24), wenn du Steffis Geschichte überarbeitest. Darin geht es um ein

   _ _ _ _ _ _ _ _ _   _ _   _ _ _ _ _ .

6. Um immer sicherer im Rechtschreiben zu werden, ist es gut, wenn man sie beherrscht. Auf den Seiten 34–37 kannst du sie wiederholen:

   _ .

7. Wenn du diese Wörter ab und zu verwendest, dann lesen sich deine Texte gleich viel besser. In der *Werkstatt Sprache*, Seite 56, Aufgabe 1, arbeitest du mit ihnen. Es sind

   _ .

8. Du kannst zwei Sätze mit ihnen verbinden. Auf Seite 63 geht es um sie, es sind:

   _ _ _ _ _ _ _ _ _ _ _ _ _ .

9. Manchmal stehen in Sachtexten ganz schön schwierige Wörter. Wenn du den Text auf Seite 78 liest, erfährst du aber gleich, was der Begriff „Helikopter" bedeutet:

   _ _ _ _ _ _ _ _ _ _ _ _ .

WERKSTATT
GEDICHTE

Reimwörter finden

1 Vervollständige das Gedicht, indem du Tiere einfügst, deren Namen sich auf die vorhergehende Zeile reimen:

Tierisches *Gerhard Rutsch*

Im Wasserturm
  ein nasser _____ .
Im Untergrund
  ein bunter _____ .
Im Bäderhaus
  die Fle_____ .
Im Siedetopf
  ein Wie_____ .
Im Rittersaal
  ein Zitter_____ .
Im Haferstroh
  ein braver _____ .
Im Straßenteer
  ein Nasen_____ .
Am Spiegeltisch
  ein Igel_____ .
Im Wiesenschlamm
  ein Riesen_____ .

Das Getier
ging hier
dem Reim
auf den Leim.

2 Versuche selbst weitere Zeilen zu reimen:

Auf der Sommerliege _____

In der hohen Espe _____

In der Blumenvase _____

In der Gartenlaube _____

In der Buchenhecke _____

In der _____

GEDICHTE

Einem Gedicht die Reime wiedergeben

1 Der folgende Text wird erst dann ein Gedicht, das sich reimt, wenn du in den Zeilen, in denen ein Wort fett gedruckt ist, einzelne Wörter umstellst. Schreibe alle Gedichtzeilen mit den richtigen Reimen neu auf.

Wenn ich eine Wolke wäre   *Mascha Kaléko*

Wenn ich **wäre** eine Wolke,

segelt' ich nach Irgendwo

durch die weiten Himmelsmeere

von **Mexiko** nach Berlin.

Blickte in die Vogelnester,

rief die Katzen auf dem Dach,

winkte **Schwester** und Brüderchen

morgens **wach** aus dem Schlafe.

Wenn ich eine Wolke wäre,

zög' ich mit dem Wüstenwind

zu den Inseln, wo die Menschen

gelb **sind** und mandeläugig

oder braun wie Schokolade

oder mandarinenrot,

wo die Kokosnüsse wachsen,

Johannisbrot und Feigen.

WERKSTATT GEDICHTE

Ein Gedicht sinngestaltend lesen

In dieser Minute   *Eva Rechlin*

In der Minute, die jetzt ist
und die du gleich nachher / vergisst,
geht ein Kamel auf allen Vieren
im gelben Wüstensand spazieren. //

In der Minute, / die jetzt ist /
und die du gleich nachher vergisst, /
geht ein Kamel / auf allen Vieren
im gelben Wüstensand spazieren. //

5   Und auf den Nordpol fällt jetzt Schnee,
und tief im Titicacasee
schwimmt eine lustige Forelle.
Und eine hurtige Gazelle
springt in Ägypten durch den Sand.
10 Und weiter weg im Abendland
schluckt jetzt ein Knabe Lebertran.
Und auf dem großen Ozean
fährt wohl ein Dampfer durch den Sturm.
In China kriecht ein Regenwurm
15 zu dieser Zeit zwei Zentimeter.
In Prag hat jemand Ziegenpeter
und in Amerika ist wer,
der trinkt grad seine Tasse leer,
und hoch im Norden irgendwo,
20 da hustet jetzt ein Eskimo
und in Australien – huhu –
springt aus dem Busch ein Känguru.
In Frankreich aber wächst ein Baum
ein kleines Stück, man sieht es kaum,
25 und in der großen Mongolei
schleckt eine Katze Hirsebrei.
Und hier bei uns, da bist nun du
und zappelst nun selbst immerzu
und wenn du das nicht tätest, wär
30 die Welt jetzt stiller als bisher!

1   Die erste Strophe dieses Gedichts ist mit Unterstreichungen und Pausenzeichen zum Vorlesen vorbereitet worden – aber in zwei unterschiedlichen Fassungen. Lies dir die beiden Fassungen halblaut vor und betone dabei die unterstrichenen Wörter besonders deutlich. Achte auch auf die Pausen. Vergleiche, welche Fassung dir besser gefällt bzw. den Sinn der ersten Strophe besser zum Ausdruck bringt.

2   Bereite nun das ganze Gedicht zum Vortragen vor.

Die Strophen müssen nicht gleich lang sein.

3   Versuche das Gedicht in Strophen einzuteilen.

4   Lies deine Fassung vor.

GEDICHTE

Parallelgedichte schreiben

Die Gedichtzeilen müssen sich nicht reimen.

1. Hier findest du zwei Gedichte, die dich anregen sollen, selbst ähnliche Gedichte zu schreiben.

> Ich weine, bis die Sonne scheint,
> weine die Wiese nass.
> Ich weine mir den Himmel blau
> und grün das braune Gras.
>
> *Jutta Richter*

Ich weine, bis _____

weine _____

Ich weine _____

_____

Ich rufe, bis _____

_____

_____

Ich lache, bis _____

_____

_____

_____

Ich _____

_____

_____

> So viel hängt ab von
> einer roten Schubkarre,
> glänzend vom Regenwasser
> neben den weißen Hühnern.
>
> *William Carlos Williams*

So viel hängt ab von

einem blauen Auto

bespritzt mit Dreck

_____

So viel hängt ab von

_____

_____

_____

WERKSTATT Geschichten

Fabeln lesen und untersuchen

> **Die Teile einer Fabel:**
>
> 1. Eine Fabel beginnt meistens mit der **Beschreibung der Situation**.
> 2. Danach folgt eine **Handlung oder ein Dialog zwischen zwei Tieren**.
> 3. Am Ende kommt es zu einem **überraschenden Ergebnis**.
> 4. Ganz zuletzt folgt oft noch eine **Lehre**.

1 Lies die beiden Fabeln und ziehe Trennungsstriche zwischen den einzelnen Teilen.

Der Jagdhund und die Katze

Sina Meister

Auf seinem Morgenspaziergang sah der Jagdhund die Katze am Wegrand sitzen und auf Mäuse lauern. Kaum hatte er sie erblickt, hetzte er ihr in großen Sprüngen nach. Die Katze aber rannte auf den Baum zu, der ihr am nächsten stand, kletterte hinauf und setzte sich gemütlich auf einen Ast. Von oben herab sprach sie: „Komm herauf, wenn du kannst! Ich habe viel Zeit." Der Jagdhund schnaubte verächtlich: „Du bist es nicht wert, dass ich meine Zeit mit dir vergeude!" – und trollte sich davon. – So antwortet einer, der nicht zugeben will, dass er etwas nicht kann.

Vom Hund im Wasser

Martin Luther

Ein Hund lief durch einen reißenden Fluss und hatte ein Stück Fleisch in der Schnauze. Als er aber das Spiegelbild des Fleisches im Wasser sieht, schnappt er gierig danach, denn er wollte auch das noch haben. Wie er nun sein Maul aufriss, fiel das Fleischstück heraus und ging im Fluss unter. So hatte er beides verloren, das Fleisch und das Spiegelbild davon.

2 Schreibe die Ziffern 1, 2, 3 und 4 an den Rand und daneben die passenden Begriffe, mit denen man die Teile der Fabel bezeichnet.

3 Achtung: Bei einer der beiden Fabeln fehlt der letzte Teil. Schreibe mit eigenen Worten auf, wie die Lehre zu dieser Fabel lauten könnte:

GESCHICHTEN

Eine Fabel in Gedichtform bringen

1 Die folgende Fabel ist eigentlich ein Gedicht. Wenn du den Text laut liest, werden dir die Reimwörter wahrscheinlich auffallen. Unterstreiche sie.

Fink und Frosch *Wilhelm Busch*

Im Apfelbaume pfeift ein Fink sein: pinkepink! Ein Laubfrosch klettert mühsam nach bis auf des Baumes Blätterdach und bläht sich auf und quakt: „Ja, ja! Herr Nachbar, ick bin och noch da!" Und wie der Vogel frisch und süß sein Frühlingslied erklingen ließ, gleich muss der Frosch in rauen Tönen den Schusterbass dazwischen dröhnen. „Juchheija, heija!", spricht der Fink. „Fort flieg ich flink!" Und schwingt sich in die Lüfte hoch. „Wat!", ruft der Frosch. „Dat kann ick och!" Macht einen ungeschickten Satz, fällt auf den harten Gartenplatz, ist platt, wie man die Kuchen backt, und hat für ewig ausgequakt. Wenn einer, der mit Mühe kaum gekrochen ist auf einen Baum, schon meint, dass er ein Vogel wär, so irrt sich der.

2 Die Fabel hat vier Teile. Trenne sie durch Striche voneinander ab und benenne sie am Rand mit den Bezeichnungen von Seite 10.

3 Schreibe nun die Fabel in Gedichtform in deinem Heft neu auf.

4 Die Lehre der Fabel kannst du mit deinen eigenen Worten formulieren:

Vielleicht fällt dir dazu auch ein Sprichwort ein!

5 Was meinst du zu dieser Lehre? Schreibe deine Meinung auf:

WERKSTATT
Geschichten

Aus der Sicht eines Fabeltiers erzählen

1 In der folgenden Fabel sind einige Wörter durch Bilder ersetzt. Schreibe hinter die Bilder die passenden Wörter:

Die tote Katze *Nach Äsop*

In einem 🏠 _____ gab es besonders viele 🐭 _____, bis eines Tages eine 🐱 _____ dahinter kam und sich dort niederließ, um sie eine nach der anderen zu 🐭 _____ und zu 🐱 _____. Die letzten, die noch übrig waren, verkrochen sich in ihre 🕳 _____, 5
wo die 🐱 _____ sie nicht erreichen konnte, und hüteten sich, wieder zum Vorschein zu kommen. Da gedachte die 🐱 _____, sie durch eine List hervorzulocken. Sie erklomm einen 🪵 _____ und hängte sich mit dem 🐱 _____ nach unten daran, als wäre sie tot. Nicht lange da- 10
nach steckte auch wirklich eine von den 🐭 _____ die 🐭 _____ aus ihrem 🕳 _____.
„He, du dort", rief sie, „und wenn du zehnmal mausetot bist, wir bleiben doch lieber, wo wir sind."

2 Versuche die Lehre der Fabel mit deinen eigenen Worten zu formulieren:

_____
_____
_____
_____

3 Versetze dich entweder in die Katze oder in eine der Mäuse hinein und erzähle die Geschichte aus ihrer Sicht neu.

Eine Fabel ergänzen

1 In der folgenden Fabel kommen fünf verschiedene Tiere vor, die aber nicht genannt werden. Versuche die Namen der Tiere herauszufinden und setze sie in die Lücken ein. Achte darauf, dass eine sinnvolle Fabel entsteht.

Wer hat Recht?   *Rudolf Kirsten*

Auf einer Wiese tummelten sich allerlei Tiere.

Da sah der (1) _____ ein zierliches Blümchen

mit weißem Kränzchen und einem gelben Tupfen in der Mitte.

Er betrachtete es und fragte seine Weidegenossen:

„Kennt ihr diese Blume?"

„Es ist eine Tulpe!", blökte das (2) _____ .

„Ein Veilchen!" meckerte die (3) _____ .

„Ein Gänseblümchen!", wieherte das (4) _____ .

„Dummes Zeug!", brüllte der (1) _____ mit

gewaltiger Stimme. „Es ist eine Rose!"

Da schwiegen die Tiere und fragten den schlauen (5) _____ ,

der zufällig vorüberschlich, um seine Meinung.

„Der (1) _____ hat Recht!", sagte der (5) _____

mit schelmischem Grinsen. „Er hat am lautesten gebrüllt!"

2 Du weißt sicher, welches Tier die richtige Antwort auf die Frage nach der Blume gegeben hat. Unterstreiche die richtige Antwort.

3 Bei dieser Fabel fehlt noch die Lehre. Schreibe eine mögliche Lehre auf:

_____

_____

_____

WERKSTATT Geschichten

Fehler in einer Schelmengeschichte finden

1 Dieser Text ist eine doppelte Schelmengeschichte. Darin wird eine lustige Begebenheit von Abashi, dem klugen Narren, erzählt. Außerdem hat ein anderer Schelm sechs Fehler in den Text eingeschmuggelt. Unterstreiche die Fehler.

Abashi, der kluge Narr

Abashi, der kluge Narr, der vor 400 Jahren lebte, war eines Tages in den engen Gässchen zwischen den Wolkenkratzern der Hauptstadt unterwegs. Er traf seinen Freund, den alten Holzhändler. Dieser trug schwer an einem alten Holzbalken, den er ans andere Ende der Stadt liefern sollte.

„Gib mir den eisernen Balken zu tragen", sagte Abashi, „ich will ihn wohl für dich ausliefern".

Dankbar übergab ihm der Freund die schwere Last und eine Visitenkarte, auf der Name und Adresse des Käufers standen. Abashi machte sich auf den Weg und rief laut:

„Vorsicht vor dem langen Balken! Stoßt euch nicht die Köpfe! Macht mir Platz, damit ihr euch nicht verletzt!"

Das hörte ein hochmütiger Reicher, der gerade aus seinem Auto gestiegen war. Dieser dachte nicht daran, den Weg freizugeben. Und so geschah es, dass ihn der Balken am Hinterkopf traf, wo alsbald eine große Beule zu sehen war. Der hochmütige Reiche tobte vor Wut und zwang Abashi mit zum Gericht zu kommen, um ihn zu verklagen.

Dem Richter schilderte er das Ausmaß des Unglücks und die Unerträglichkeit seiner Schmerzen. Und er nannte die Höhe der Entschädigung, die er forderte.

„Er hat mich beinahe getötet", empörte er sich, „heimtückisch von hinten schlich er sich heran, um mich zu verletzen! Ich muss sofort in ein Krankenhaus!"

„Was sagst du zu diesen Vorwürfen?", fragte der Richter den schlauen Abashi.

Dieser schwieg.

„Hörst du nicht, was ich dich frage?", versuchte der Richter es weiter.

Abashi schwieg.

„Kann dieser Mann nicht reden?", wandte der Richter sich an den Reichen.

„Und ob er reden kann", zeterte dieser. „Er ist nur verstockt. Ihr hättet hören sollen, wie er auf der Straße geschrien hat: Vorsicht vor dem langen Balken! Macht Platz!"

„Was ihr nicht sagt", lächelte der Richter und wies die Klage ab.

Am nächsten Tag stand alles in der Zeitung und die ganze Stadt lachte über den hochmütigen Reichen.

2 Streiche die fehlerhaften Stellen im Text durch und notiere am Rand, welche Wörter statt der „Fehler" eingesetzt werden müssen.

Aus der Sicht eines Schelms erzählen

Hodscha und der Pelz

Im Bekanntenkreis Hodscha Nasreddins sollte eine Hochzeit gefeiert werden. Der Gastgeber lud auch den Hodscha ein. Hodscha Nasreddin freute sich sehr über diese Einladung. „Es möge ihnen vergolten werden, sie haben mich nicht vergessen", dachte er bei sich. Er zog die Kleider an, die er immer trug. Sie waren ein wenig abgenutzt, aber ganz und gar sauber. Er machte sich auf den Weg und gelangte vor das Haus, in dem die Hochzeit stattfand. Musik tönte heraus. Er klopfte an die Tür. Man machte ihm auf und er trat ein. Drinnen herrschte großes Gedränge. Es wurde laut gesungen und gespielt. Alle saßen an der Tafel und aßen. Als sie Hodscha Nasreddin in den alten Kleidern sahen, waren sie alle still. Niemand hieß ihn willkommen. Niemand forderte ihn auf, sich an die Tafel zu setzen und mit ihnen zu speisen.

Hodscha Nasreddin setzte sich in eine Ecke. Aber er war bedrückt, als er merkte, dass sich niemand um ihn kümmerte. Kurze Zeit später stand er auf und verließ die Hochzeitsgesellschaft, ohne dass es jemand bemerkt hätte. Er kehrte zu sich nach Hause zurück, nahm seinen neuen Pelz aus dem Schrank und zog ihn an. Dann begab er sich wieder ins Hochzeitshaus. Das Mahl war noch nicht zu Ende. Als die Gäste Hodscha Nasreddin in einem so schönen Pelz sahen, sprangen sie alle von ihren Plätzen auf und sagten: „Komm herein, Hodscha! Herzlich willkommen! Du erweist uns eine große Ehre."

Sie baten den Hodscha, den Ehrenplatz an der Tafel einzunehmen. Hodscha Nasreddin setzte sich zu Tisch, aber er rührte keine der Speisen an. Nach einer Weile steckte er einen Zipfel seines neuen Pelzes in einen der gefüllten Teller und sagte:

„Also, mein Pelz, lass es dir schmecken!" Als das die anderen Leute an der Tafel sahen, waren sie sehr verwundert und fragten:

„Um Himmels willen, Hodscha, was machst du da? Warum tauchst du deinen Pelz ins Essen?"

Hodscha Nasreddin tat, als höre er nicht, hielt weiterhin ein Ende seines Pelzes in das Essen getaucht und sprach: „Greif nur zu, mein Pelz! Lass es dir schmecken!"

Als die übrigen Hochzeitsgäste darauf drangen zu erfahren, warum er so handele, erwiderte Hodscha Nasreddin lächelnd:

„Gerade vorhin kam ich in meinen alten, aber sauberen Kleidern. Niemand hat mich auch nur angeschaut. Nicht einmal willkommen habt ihr mich geheißen. Aber als ich in meinem neuen Pelz kam, gabt ihr mir den Ehrenplatz an eurer Tafel. Eure Gastfreundschaft gilt also nicht mir, sondern meinem Pelz. So soll er sich das Essen schmecken lassen!"

Denke zunächst über folgende Fragen nach:
– *Was passiert in der Geschichte?*
– *Warum taucht Nasreddin seinen kostbaren Pelz in das Essen?*
– *Was meinst du zum Verhalten der Hochzeitsgäste?*
– *Wie könnte die Geschichte weitergehen?*

1 Stell dir vor, du bist Hodscha Nasreddin. Am Abend erzählst du in der Teestube, was du erlebt hast. Schreibe die Geschichte in der Ich-Form in deinem Heft auf. So kannst du beginnen:
Stellt euch vor, was ich heute erlebt habe …

WERKSTATT Geschichten

Abschnitte einer Schelmengeschichte ordnen

1 Bei dieser Geschichte von Hodscha Nasreddin ist nur der Anfang richtig. Die anderen Abschnitte sind durcheinander geraten. Lies alle Abschnitte genau durch und bringe sie in die richtige Reihenfolge. Nummeriere sie von 2 bis 7.

Hodscha und die Katze

1 Eines Tages kam der Hodscha vom Markt zurück. Er brachte ein auserlesenes Stück Fleisch heim. In seinen Gedanken stellte er sich das köstlichste Mahl vor und konnte kaum bis zum Mittagessen warten. (a)

○ Kurz nachdem die Gäste gegangen waren, kam der Hodscha zurück. Er konnte seinen Augen kaum trauen, als ihm zum Mittagessen nur eine Schüssel mit Suppe vorgesetzt wurde. (b)

○ In der Zwischenzeit schnitt seine Frau das Fleich in kleine Stücke, steckte es auf die Fleischspieße und lud all ihre besten Freunde ein, um an ihrem Schisch-Kebab teilzuhaben. (c)

○ „Sie wiegt genau ein Kilo! So, wenn das das Fleisch ist, wo ist die Katze? Wenn das die Katze ist, wo ist dann das Fleisch geblieben?" (d)

○ Er übergab es seiner Frau zur Zubereitung und ging dann zur nächsten Teestube, um eine Wasserpfeife zu rauchen, Tee zu trinken und sich einfach vor dem Mahl zu entspannen. (e)

○ Der Hodscha ging hinaus und holte die Katze. Es war eine sehr kleine Katze. Er nahm eine Waage, wog die Katze und rief aus: (f)

○ „Wo ist das Fleisch?", forderte er.
„Oh, die Katze hat es gefressen", erwiderte seine Frau.
„Aber ich habe ein Kilo Fleisch gekauft." (g)

2 Zu welchen Textabschnitten passt das Bild? Unterstreiche die entsprechenden Sätze im Text.

GESCHICHTEN

Eine Schelmengeschichte nacherzählen

1 Dies sind die Anfänge von zwei weiteren Schelmengeschichten von Hodscha Nasreddin. Finde heraus, wie die Geschichten weitergehen. Dazu musst du die Textabschnitte den Geschichten zuordnen (A oder B) und in die richtige Reigenfolge bringen (1 bis 3).

A Irgendwas fiel herunter

Als Nasreddins Frau einen gewaltigen dumpfen Schlag hörte, rannte sie hinauf in sein Zimmer.

B Eins fürs andere

Nasreddin suchte einen Laden auf, um eine Hose zu kaufen. Dann änderte er seine Absicht und suchte stattdessen einen Mantel aus, der genauso viel kostete.

○ „Du hast nicht bezahlt!", rief der Kaufmann.
○ „Ich habe dir die Hose dagelassen. Die genauso viel kostet wie der Mantel."

○ „Reg dich nicht auf!", sagte Nasreddin, „es war nur mein Mantel, der auf den Boden fiel."

○ Er nahm den Mantel an sich und wollte aus dem Laden gehen.

○ „Aber du hast auch die Hose nicht bezahlt!"
○ „Natürlich nicht", sagte Nasreddin, „warum sollte ich etwas bezahlen, was ich gar nicht kaufen will?"

○ Sie fragte ihren Mann, was denn passiert sei.

○ „Was? Und das macht so einen Krach?"
○ „Ja, ich hatte ihn gerade an."

2 Schreibe die Geschichte, die dir am besten gefällt, mit deinen eigenen Worten in deinem Heft neu auf.

WERKSTATT Schreiben

Rezepte aufschreiben

Hier findest du Rezepte für zwei gesunde Erfrischungen aus Spanien und aus China, die du leicht selbst ausprobieren kannst. Sie sind aber durcheinander geraten:

Aus Spanien:
Rote Orange
Für 4 Personen:
1 l Traubensaft, rot
1 Zitrone
1 Orange
60 g Zucker
½ Zimtstange
0,3 l Mineralwasser
und einige Eiswürfel

Aus China:
Obstsalat in Melone
Für 6 Personen:
1 kleine Wassermelone
3 Äpfel
3 Orangen
2 Bananen
150 ml Wasser
200 g Zucker
Saft einer Zitrone

Schneide die Zitrone und die Orange in Scheiben.
Aus der Melone links und rechts je ein Stück so herausschneiden, dass ein Tragebügel stehen bleibt.
Koche die Scheiben mit Traubensaft, Zucker und Zimtstange kurz auf und lasse alles abkühlen.
Das rote Fruchtfleisch mit einem Löffel vorsichtig herausschälen und aufbewahren.
Das Melonenfleisch in Würfel schneiden und dabei die Kerne entfernen.
Dann kühle alles in einem Glaskrug noch 3–4 Stunden im Kühlschrank.
Orangen, Bananen und Äpfel schälen, Äpfel vierteln und entkernen, alles in kleine Stückchen schneiden.
Wasser und Zucker aufkochen, Topf sofort danach in kaltem Wasser abkühlen, Zitronensaft in den Zuckersirup geben.
Kühle auch das Mineralwasser und bereite im Gefrierfach Eiswürfel vor.
Obstsalat und Zuckersirup in einer Schüssel mischen und mit dem Melonenkörbchen 1 Stunde in den Kühlschrank stellen.
Zum Schluss den Fruchtsalat in das Melonenkörbchen füllen und servieren.
Verwende ungespritzte Orangen und Zitronen oder bürste sie in warmem Wasser sorgfältig ab.
Je nach Jahreszeit auch andere Früchte oder Dosenobst verwenden.

Die unterschiedlichen Verbformen können dir beim Ordnen eine Hilfe sein.

1 Finde heraus, was jeweils zu dem einen oder dem anderen Rezept gehört. Unterstreiche, was zusammengehört, in jeweils einer anderen Farbe.

2 Schreibe eines der beiden Rezepte übersichtlich auf.
– Vergiss nicht den Namen des Rezeptes als Überschrift aufzuschreiben.
– Teile deinen Text in Abschnitte ein.
– Entscheide, welche Zwischenüberschriften von dem Tipp-Zettel (S. 19) du benutzen willst.
– Einen schwierigen Arbeitsschritt der Zubereitung kannst du am Rand durch eine Zeichnung verdeutlichen.

Rezepte aufschreiben

> Zutaten
> Was du benötigst
> Vorbereitungen
> Zubereitung
> So wird's gemacht
> Tipp

3 Hanno hat das Rezept gelesen und verstanden. Dann hat er für sich nur die wichtigsten Schritte ganz kurz notiert. Mit diesem Merkzettel will er das Rezept ausprobieren. Allerdings ist ihm in der Reihenfolge ein Fehler unterlaufen. Findest du ihn? Markiere die entsprechenden Zeilen.

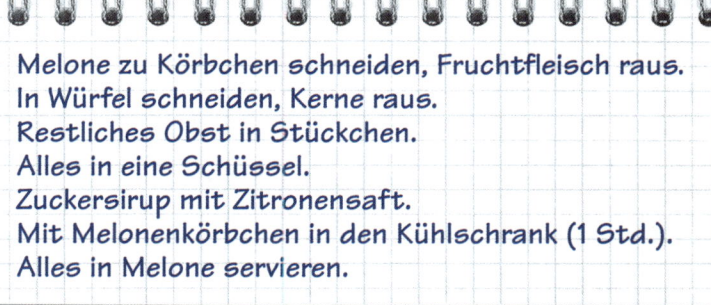

Melone zu Körbchen schneiden, Fruchtfleisch raus.
In Würfel schneiden, Kerne raus.
Restliches Obst in Stückchen.
Alles in eine Schüssel.
Zuckersirup mit Zitronensaft.
Mit Melonenkörbchen in den Kühlschrank (1 Std.).
Alles in Melone servieren.

4 Probiere in deinem Heft einen solchen Kurz-Merkzettel mit dem anderen Rezept aus: Kürze, indem du noch mehr zusammenfasst und alles weglässt, was nicht unbedingt nötig ist.
Aber: Achte auf die richtige Reihenfolge!

WERKSTATT Schreiben

Gegenstände beschreiben

Die meisten Gegenstände kannst du besser beschreiben, wenn du dir überlegst, durch welche Merkmale (Größe, Material, Farbe …) sich dein Gegenstand von anderen unterscheidet. Achte bei der Beschreibung auf Fachwörter und treffende Adjektive.

Fersenkappe
Fersenkeil
Innenfutter
Klettverschluss
Laufsohle
Leder
Luftpolster
Metallösen
Nähte
Obermaterial
Halbschuh
Schnürsenkel
Schutzkappe
Stiefel
Stoßkappe
Textilfutter
Zunge (Lasche)
Zwischensohle

1 Suche dir einen der abgebildeten Sport- und Freizeitschuhe aus und notiere dir wichtige Einzelheiten in Stichworten. Was du nicht genau erkennen kannst, darfst du dir ausdenken.

Material:

Form:

Größe:

Farbe:

Besondere Kennzeichen:

2 Entwirf mit den Stichwörtern des Zettels im Heft eine Suchanzeige für das schwarze Brett. Beschreibe den Schuh so genau, dass man ihn von den anderen unterscheiden kann.

Einen Hund beschreiben

Kirsten darf einen Hund aus dem Tierheim adoptieren. In der Zeitung interessiert sie eine Anzeige des Tierheims, in der eine Mischlingshündin beschrieben ist. Die Beschreibung ist allerdings ziemlich knapp:

> In gute Hände abzugeben:
> Mischlingshündin, ca. 30 cm groß,
> mit schwarz-weißem, langem Fell
> und buschigem Schwanz.
> Hört auf den Namen „Dolly" und ist
> ca. vier Jahre alt.
> Tierheim Nord, Tel.: 07777-11234

In einem Telefongespräch mit dem Tierheim hat Kirsten mehr über „Dolly" erfahren. Sie hat es auf einem Notizzettel festgehalten:

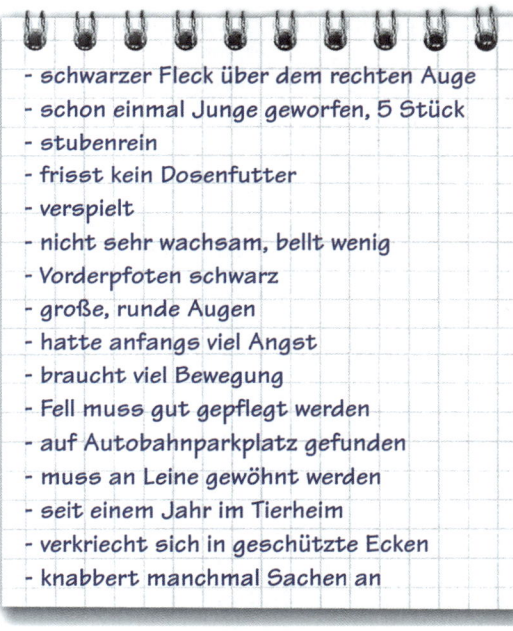

- schwarzer Fleck über dem rechten Auge
- schon einmal Junge geworfen, 5 Stück
- stubenrein
- frisst kein Dosenfutter
- verspielt
- nicht sehr wachsam, bellt wenig
- Vorderpfoten schwarz
- große, runde Augen
- hatte anfangs viel Angst
- braucht viel Bewegung
- Fell muss gut gepflegt werden
- auf Autobahnparkplatz gefunden
- muss an Leine gewöhnt werden
- seit einem Jahr im Tierheim
- verkriecht sich in geschützte Ecken
- knabbert manchmal Sachen an

1 Voller Vorfreude schreibt sie ihrer Freundin einen Brief, in dem sie ihr die Hündin beschreibt.
– Schreibe mithilfe des Anzeigentextes und des Notizzettels den Brief in deinem Heft weiter.
– Entscheide, welche Informationen du verwenden willst und welche nicht.
– Überlege, ob du sie in verschiedenen Abschnitten zusammenfassen kannst.

Hi Biggi,

stell dir vor, nächste Woche darf ich einen Hund aus dem Tierheim holen. Ich kann es kaum noch abwarten. Es ist eine süße Mischlingshündin, sie heißt Dolly …

WERKSTATT Schreiben

Von Ereignissen berichten

Manchmal passiert in der Schule etwas und hinterher kann man nur schwer herausfinden, wie alles genau abgelaufen ist. Wichtig ist dann, dass alle Beteiligten den Vorfall gut beobachtet haben und genau darüber berichten können. So ist es auch in dem folgenden Beispiel.

Wie ist das denn passiert?

Frau Brand, die Klassenlehrerin der 6a, hat ihrer Schülerin Elke einen blutenden Finger verbunden. Elke ist noch ganz aufgeregt. Ihre Freundin Jördis hat mitbekommen, was passiert ist:

Frau Brand: Was hattet ihr denn eigentlich während der großen Pause in der Klasse zu suchen?
Jördis: Wir wollten den Käfig der Klassenmäuse sauber machen, das ganze Wochenende hat sich ja keiner drum gekümmert. Die Mäuse hatten kein Futter mehr und die Wasserflasche war auch schon fast leer.
Frau Brand: War sonst noch jemand in der Klasse?
Jördis: Nein, zuerst nur Elke und ich.
Frau Brand: Habt ihr denn eine Maus rausgenommen?
Elke: Ich wollte doch nur mit Fritzi spielen.
Jördis: David war's, aus der 6b. Er kam in die Klasse und hat Elke die Maus weggenommen. Er wollte sie nicht mehr abgeben. Wir hatten Angst, dass er sie verletzt. Wir wussten nicht, was wir machen sollten.
Frau Brand: Und da hast du mich gerufen?
Jördis: Ja – und dann bin ich sofort wieder in die Klasse zurückgerannt.
Elke: David war so gemein, er wollte Fritzi nicht in den Käfig setzen. Die war schon ganz aufgeregt.
Frau Brand: Wieso hat sie dann dich gebissen und nicht David?
Elke: Das ging alles so schnell …
Jördis: Als ich in die Klasse kam, habe ich gerufen: „Frau Brand kommt!" Da hat David Elke die Maus zugeworfen und ist rausgerannt.
Elke: Und da hat sie mir in den Finger gebissen. Das tat so weh und ich hab mich erschreckt. Und Fritzi ist in den Käfig gesprungen und hat sich eingebuddelt.
Jördis: Das ganze Blut ist auf den Boden getropft und da sind wir sofort zu Ihnen gelaufen.
Elke: Und gleich schreiben wir auch noch einen Biotest über Mäuse. Da kann ich wohl nicht mitschreiben.
Frau Brand: Die Wunde scheint nicht so schlimm zu sein, wie es jetzt aussieht, aber sicherheitshalber sollten deine Eltern den Hausarzt fragen, ob du eine Tetanus-Impfung brauchst. Außerdem sollte Herr Jahn als Klassenlehrer dringend noch einmal mit David über den Vorfall sprechen.

SCHREIBEN 23

Von Ereignissen berichten

1 Finde heraus, was hier passiert ist:
– Markiere wichtige Informationen, streiche weniger Wichtiges.
– Ergänze den folgenden Stichwortzettel.
– Überprüfe anschließend, ob du Angaben zu allen wichtigen W-Fragen gemacht hast.

Zeit, Ort: große Pause, Klassenraum der 6a

Vorgang: Jördis und Elke (Schülerinnen der 6a) reinigen Mäusekäfig

Elke nimmt Maus raus

Folgen:

2 In der Schülerzeitung wird oft über kleine Vorfälle aus dem Schulalltag berichtet. Schreibe mithilfe des Gesprächs und deiner Stichpunkte den folgenden Schülerzeitungsbericht in deinem Heft weiter:
– Schreibe über die Personen allgemein, ohne Namensnennung.
– Achte darauf, dass die Verben im Präteritum stehen.
– Finde eine passende Überschrift. Sie soll neugierig machen, aber nicht zu viel verraten.

Am letzten Montag kam es in der großen Pause zu einem schmerzhaften Mäusebiss. Zwei Schülerinnen der 6a wollten den Käfig der Klassenmäuse säubern …

WERKSTATT Schreiben

Spannend erzählen

Steffi erzählt eine Geschichte, die sie in den Ferien erlebt hat. Manches ist schon ganz gut gelungen. Du kannst die Geschichte aber noch spannender und anschaulicher ausgestalten:

Das Erlebnis am Meer

In den letzten Sommerferien war ich in einem Ferienlager auf der niederländischen Insel Ameland. An einem heißen Tag gingen wir zum Schwimmen an den Strand. Ich war zum ersten Mal am Meer und hatte etwas Angst. Meine Freundin Sina hatte mir erzählt, dass es in der Nordsee Krebse gibt. ❷ Mona, unsere Gruppenleiterin, erklärte uns, wie weit wir ins Wasser durften. Dann gab sie das Startkommando: ❶ Sofort gingen wir alle in die Wellen. Wir schwammen und tobten herum und ich hatte überhaupt keine Angst mehr. ❸ Ich spürte an meinem Zeh ein ❹ Zwicken. Da hatte mich was gebissen! ❶ ❺ Ich schrie um Hilfe und ging zum Strand zurück. Mona fragte, was ich hätte. ❶ Ich zeigte ihr ❹ meinen Fuß. Ich war wirklich in eine Krebsschere getreten! Mona löste sie ❹ und warf sie in den Sand. Mein Zeh war etwas angeschwollen. Mona klebte ein Pflaster drauf und meinte: „Nun musst du nur noch warten, bis die Schwellung weg ist." Ich sagte: „Danke, jetzt tut der Zeh auch nicht mehr weh." Da mussten wir lachen, denn Zeh und weh reimte sich.

SCHREIBEN   25

Spannend erzählen

1 Lies zur Vorbereitung deiner Überarbeitung den folgenden Merkkasten. Setze vor die Punkte, die Steffi gut gemacht hat, ein Pluszeichen (+). Dazu musst du ihre Geschichte sorgfältig, wenn nötig mehrmals, lesen.

Merkmale einer guten und spannenden Erzählung:

– Man weiß, wann und wo sich die Geschichte abgespielt hat.
– Man weiß, wer am Geschehen beteiligt war.
– Die Erzählschritte passen zueinander. Es ist nichts unklar.
– Im Mittelpunkt der Geschichte steht etwas Überraschendes/Besonderes.
– Der Leser wird durch Andeutungen und Vorausdeutungen darauf gut vorbereitet.
– Der Schluss passt gut.
– Die Überschrift verlockt dazu, die Geschichte zu lesen.
– Wörtliche Rede und Gedanken sind sinnvoll eingebaut.
– Gefühle sind dargestellt.
– Zeitangaben machen den Text spannender.
– Die Sätze sind abwechslungsreich formuliert und gut verbunden.
– Es sind anschauliche Adjektive und Verben verwendet worden.

Du kannst auch selbst passende Ausdrücke finden und einbauen.

2 Bereite nun die Geschichte weiter für die Überarbeitung vor:
– Setze an den nummerierten Stellen passende Formulierungen von den blauen Zetteln ein. Du kannst sie zwischen die Zeilen schreiben. Manchmal musst du Formulierungen und Satzbau etwas umformen und anpassen.
– Ersetze die unterstrichenen Verben durch anschaulichere von dem roten Zettel. Auch hier musst du manchmal Formulierungen und Satzbau anpassen.
– Finde eine spannendere Überschrift, die den Leser neugierig macht, aber nicht zu viel verrät.

❶ Wörtliche Rede, Gedanken:
„Auf die Plätze, fertig, looos!"
Das konnte nur ein Krebs sein!
„Was hast du denn?"

❸ Zeitangaben:
da, plötzlich, auf einmal

❹ Anschauliche Adjektive:
heftig, schmerzhaft, zitternd, entsetzt, vorsichtig

❷ Andeutungen, Vorausdeutungen:
Das war nicht ganz falsch, wie sich später herausstellte. Aber jetzt wollte ich nicht daran denken.

❺ Gefühle:
am ganzen Körper zittern
eine Gänsehaut bekommen
in Panik geraten

Anschauliche Verben:
rennen, gleich hineinstürzen, waten

3 Schreibe jetzt die Geschichte verbessert in dein Heft.

WERKSTATT
Schreiben

Zu einem Thema Stellung nehmen

Einige Schüler der Klasse 6a unterhalten sich in der Pause über das Rauchen in der Schule:

Udo: Ich finde, in den Pausen sollte strenger kontrolliert werden, ob Schüler rauchen.

Sven: Ja, genau. Jedes Mal, wenn die Pausenaufsicht nicht so genau drauf achtet und die älteren Schüler sich nicht beobachtet fühlen, nimmt die Zahl der Raucher sofort zu.

Olaf: Du weißt doch, kurz vor den letzten Ferien wurde bei uns viel weniger kontrolliert. Da habe ich sogar Leute aus der 6b gesehen, die sich in der Schulhofecke eine angesteckt haben.

1 Die drei Jungen äußern sich unterschiedlich zu dem Thema. Lies genau nach und setze den richtigen Namen ein:

Die Reihenfolge ist natürlich verändert worden!

_____ führt ein **Argument** als Stütze an.

_____ sagt seine **Meinung.**

_____ nennt zur **Verdeutlichung** ein Beispiel/einen Beweis.

2 Ina und Lisa mischen sich ein. Schreibe auf, wie das Gespräch weitergehen könnte.
Du kannst dazu die Meinungen, Argumente und Verdeutlichungen von den Zetteln auf Seite 27 zu Hilfe nehmen. Du kannst aber auch deine eigenen Ansichten zum Thema einarbeiten.

SCHREIBEN

Zu einem Thema Stellung nehmen

Meinungen:
— Das geht doch wirklich zu weit, wenn schon die ganz Jungen rauchen, meine ich.
— Ich denke, dass man an der Schule vor den Rauchern geschützt werden muss.
— Ich finde, die Lehrer sollten darauf achten, dass Raucher nicht als die coolen Vorbilder angesehen werden.

Argumente:
— Gerade für uns Jüngere ist Zigarettenrauch sehr schädlich.
— Die Qualmerei ist total lästig für alle anderen, die nicht rauchen.
— Wer sich um Verbote überhaupt nicht kümmert und keine Rücksicht nimmt, ist kein cooler Typ, sondern muss bestraft werden.

Verdeutlichungen:
— Es ist schließlich durch viele Untersuchungen festgestellt worden, dass wir schon durch normales Einatmen in verqualmten Räumen krank werden können.
— Bei uns in den Pausentoiletten stinkt es doch manchmal so nach Zigarettenrauch, dass man es da nicht mehr aushalten kann.
— Ich fände es nicht besonders cool, als Raucher erwischt zu werden und dann zu einem Elterngespräch kommen oder nach dem Unterricht Zigarettenkippen aufsammeln zu müssen.

Ina: Ich finde auch, das geht zu weit, wenn man schon in der fünften oder sechsten Klasse anfängt zu rauchen.

WERKSTATT Schreiben

Zu einem Thema Stellung nehmen

In der 6a haben die Schülerinnen und Schüler unterschiedliche Standpunkte zu ihren Freizeitbeschäftigungen aufgeschrieben. Sie sollten aber nicht einfach nur etwas behaupten, sondern ihre Meinungen auch mit Argumenten stützen und Beispiele oder Beweise als Verdeutlichung hinzufügen:

> <u>DVD-Filme finde ich viel besser als Bücher.</u> <u>Bücher kann man nämlich nur alleine lesen, aber bei DVDs können sich meine Freunde und ich zusammen unterhalten lassen.</u> <u>Vor kurzem haben wir uns auf einer Geburtstagsfeier gemeinsam einen ganz neuen Kinofilm angesehen und uns alle fast totgelacht.</u>
>
> Vadim

1 Bei Vadim sind die einzelnen Bestandteile seiner Stellungnahme schon mit unterschiedlichen Farben unterstrichen. Setze die gleichen Markierungen unter die Bezeichnungen für diese Bestandteile:
- Meinung
- Argument
- Verdeutlichung

2 Bei Nadine musst du die Bestandteile ihrer Stellungnahme selbst finden. Unterstreiche sie genau so wie im Beispiel von Vadim:

> Man kann zwar auch durch Fernsehen und DVDs eine Menge Interessantes lernen, aber wenn ich zu meinem Hobby etwas genau wissen will, kann ich besser die entsprechenden Sachbücher lesen. Denn da ist alles genau beschrieben, oft noch mit Fotos und Zeichnungen. Mein neues Aquarium habe ich zum Beispiel ganz genau nach der Anleitung in einem Hobbybuch gebaut und eingerichtet.
>
> Nadine

nämlich
denn
weil
zum Beispiel
vor kurzem
einmal

3 Die Stellungnahmen von Olaf und Birte auf Seite 29 sind so noch nicht ganz überzeugend. Ergänze sie jeweils mit einem passenden Argument (blauer Zettel) und einem Beispiel oder Beweis als Verdeutlichung (grüner Zettel).

Du kannst auch mehrere Argumente oder Verdeutlichungen hinzufügen. Denke daran, die einzelnen Bestandteile mit den Verknüpfungswörtern von dem roten Zettel zu verbinden.

SCHREIBEN

Zu einem Thema Stellung nehmen

Olaf: Ich finde es manchmal ganz schön, wenn ich mich nach der Schule erst einmal vor den Fernseher setzen kann.

Zur Kontrolle immer markieren:
- *Meinung*
- *Argument*
- *Verdeutlichung*

Birte: Ich fühle mich in meinem Sportverein am wohlsten.

Argumente:
– Ich bin nach Schulschluss so müde, dass ich mich auf nichts konzentrieren kann.
– Bei uns ist dann meistens niemand zu Hause und ich kann selbst bestimmen, was ich sehen will.
– Manchmal gibt es Sendungen, durch die ich noch gute Ideen für die Hausaufgaben bekomme.

– Man kann beim Training neue Freundinnen und Freunde kennen lernen.
– Ich messe mich gerne bei Wettkämpfen mit anderen.
– Ich bleibe körperlich fit und steigere meine Leistungsfähigkeit.

Verdeutlichungen:
– Mein Arzt hat mir bestätigt, dass ich mittags ein Leistungstief habe.
– Als meine Mutter früher nach Hause kam, wollte sie sofort ihre Lieblingsserie sehen.
– In einer Tiersendung wurde etwas über Katzen gezeigt. Zu dem Thema gab es gerade auch eine Hausaufgabe für Biologie.

– Anita aus der Parallelklasse ist im selben Verein. Wir fahren jetzt immer zusammen zur Schule.
– Für die Bezirksmeisterschaft habe ich hart trainiert und bin auf den dritten Platz gekommen. Das war ein toller Erfolg.
– Bei der letzten Bergwanderung habe ich sogar besser durchgehalten als mein Vater. Früher kam ich immer völlig erschöpft bei der Hütte an.

WERKSTATT Schreiben

Eine Heftseite zweckmäßig gestalten

Lena hat als Entwurf für ihre Hausaufgabe ein Waldexperiment aufgeschrieben:

26. Mai – Walddüfte sammeln – Mit der Duftsammlung kann man riechen üben. Du brauchst dazu: gut verschließbare Dosen oder undurchsichtige (umklebte oder angemalte) Schraubdeckel-Gläser, etwas Boden, Moos, Rinde, Harz, stark riechende Pflanzen aus dem Wald, Selbstklebe-Etiketten. 1. Die Materialien aus dem Wald zerreiben oder zerrupfen, dann kann man den Duft deutlicher riechen. 2. Die Materialien in die Sammelgefäße füllen und sofort gut verschließen. 3. Die Gefäße nach Hause transportieren. 4. Die Inhaltsbezeichnung auf Selbstklebe-Etiketten schreiben. 5. Die Etiketten unter den Boden der Gefäße kleben. Wenn du willst, kannst du die Gefäße noch verzieren oder farbig anmalen.

1. Schreibe diese Hausaufgabe noch einmal übersichtlich auf. Entscheide:
– Soll das Datum auf dem Rand oder an einer Seite der ersten Linie stehen?
– Willst du die Überschrift durch eine andere Farbe, durch Unterstreichen oder durch eine Leerzeile darunter besonders hervorheben?
– Wo willst du einen Absatz machen, eine neue Zeile anfangen oder eine Zwischenüberschrift einfügen?
Beachte auch die Hinweise auf dem Zettel am Rand.

Einen freigeräumten und bequemen Arbeitsplatz wählen.

Konzentriert und nicht zu schnell schreiben.

Zeilenanfang und Zeilenende möglichst genau einhalten.

Buchstaben:
- klar und deutlich
- nicht zu groß
- nicht zu klein
- gleichmäßig hoch
- alle in eine Richtung

Einen Bericht überarbeiten

① aus dem Käfig
② plötzlich
③ mit vollem Tempo
④ aus der Nachbarklasse
⑤ unbedingt
⑥ sofort
⑦ ohne zu fragen
⑧ mit aller Überredungskunst
⑨ in den Käfig
⑩ inzwischen
⑪ aus lauter Hilflosigkeit
⑫ völlig unkontrolliert
⑬ nach draußen
⑭ vor lauter Panik
⑮ vor Schmerz und Schreck
⑯ wie verrückt
⑰ mit einem Verband
⑱ in der nächsten Stunde

Marek hat für die Redaktionskonferenz der Schülerzeitung einen Bericht über einen kleinen Vorfall in der Klasse 6a entworfen. Manches ist ihm schon recht gut gelungen. Aber du kannst den Text noch verbessern:

Bissige Klassenmaus

Auch kleine Mäuse können manchmal ganz schön gefährlich sein. Das musste vor einiger Zeit eine Schülerin aus der 6a feststellen. Sie wollte in der Pause mit ihrer Freundin den Käfig der Klassenmaus Fritzi gründlich reinigen. Dazu nahm sie die schwarze Maus ◯. Natürlich wollte sie auch mit der kleinen Fritzi etwas spielen. Sie hatte das Tierchen gerade in der Hand, als ◯ ein Schüler ◯ hereingestürmt kam. Der sah die Maus und wollte sie ◯ haben. Er riss seiner Mitschülerin das Tier aus der Hand und spielte selber damit. Aber er ging nicht besonders vorsichtig damit um. Das Mädchen konnte ihn auch ◯ nicht dazu bewegen, die Maus wieder ◯ zurückzusetzen. Die andere Schülerin alarmierte ◯ die Klassenlehrerin. Als der Junge das bemerkte, warf er ◯ die Maus in die Hände seiner Mitschülerin zurück und flüchtete ◯. In dem Moment biss Fritzi ◯ zu, und zwar in den rechten Zeigefinger. Das Mädchen zuckte ◯ zusammen und die Maus sprang zurück in den Käfig. Dem Tier war nichts passiert, aber der Finger tat weh und blutete ◯. Er wurde von der Klassenlehrerin ◯ umwickelt. Die ganze Aufregung hatte nur einen Vorteil: Mit dem dicken Verband konnte die Verletzte den Biotest ◯ „leider" nicht mitschreiben.

1 In seinem Textentwurf hat Marek die **Berichtszeitform Präteritum** gut durchgehalten. Am Anfang ist als Beispiel eine Verbform rot unterstrichen. Suche auch die anderen Verben heraus und unterstreiche sie rot. Achtung: Wie im Beispiel können manche Verbformen aus zwei Teilen bestehen!

2 **Adverbiale Bestimmungen** sind für einen Bericht besonders wichtig. Sie sorgen für mehr Genauigkeit und Anschaulichkeit.
Am Anfang des Berichts sind zwei adverbiale Bestimmungen blau unterstrichen. Finde im dritten Satz zwei weitere und unterstreiche sie ebenfalls.

3 Auf dem blauen Zettel neben dem Text findest du weitere adverbiale Bestimmungen, die in die Lücken des Textes eingefügt werden können. Entscheide, welche davon du verwenden möchtest, und schreibe die passenden Ziffern in die Lücken.

4 Schreibe jetzt mithilfe deiner Vorbereitungen den Text verbessert in dein Heft.

Du kannst zur Abwechslung die adverbialen Bestimmungen auch an anderen als den Lückenstellen in die Sätze einfügen. Dazu musst du allerdings manchmal die Wortstellung im Satz leicht verändern.

WERKSTATT Schreiben

Eine spannende Geschichte überarbeiten

Annas Geschichte vom Reiterhof ist schon ganz gut erzählt. Sie hat vor allem viel wörtliche Rede verwendet, um sie spannend und anschaulich zu machen. Aber du kannst noch einiges verbessern.

In den Sommerferien waren wir zwei Wochen auf einem Reiterhof. Eines Nachts wachte ich auf, weil ein Hund bellte. Ich ging ans Fenster und sah, dass im Stall Licht brannte. Ich erstarrte vor Schreck, denn mir fiel sofort Lissi ein, mein Lieblingspferd.

Als ich mich vom ersten Schreck erholt hatte, zog ich mich an. Aber ich wollte nicht alleine über den Hof gehen. Deshalb ging ich ins Nebenzimmer zu meiner Freundin Sari. „Los, steh auf!", sagte ich. Aber sie sagte nur: „Lass mich schlafen." Ich rüttelte sie wach und sagte: „Beeil dich, im Stall stimmt was nicht!"

Sari sprang auf, zog sich an und wir gingen über den stockfinsteren Hof zur Stalltür. Sari legte den Finger auf den Mund und sagte: „Psst, erst mal hören, was da los ist." Aus dem Stall drang das aufgeregte Schnaufen und Trampeln der Pferde und eine Männerstimme, sie sagte: „Komm her, dich werd' ich hier schon rauskriegen!" Wir sahen uns an. Wollte der Lissi entführen? Wir mussten etwas unternehmen!

Ohne noch weiter nachzudenken, rissen wir die Stalltür auf und gingen gleichzeitig in die Boxengasse. Am Ende der Gasse stand Herr Wagner, der Besitzer des Reiterhofs, mit einer Decke auf den Armen. „Was macht ihr denn hier?", sagte er. „Dasselbe wollten wir auch fragen", sagte ich. Und Sari sagte: „Wir dachten, hier wäre ein Einbrecher."

Ein breites Lächeln erschien auf Herrn Wagners Gesicht. „Da liegt ihr gar nicht so falsch", sagte er. Er hob einen Zipfel der Decke hoch und da sahen wir den Einbrecher: Mit frechen schwarzen Augen sah uns Wuffi an, der Dackel vom Nachbarhof. Wir konnten nicht mehr und lachten laut los.

Eine spannende Geschichte überarbeiten

1 Bereite Annas Text für deine Überarbeitung vor:

■ Unterstreiche in den Begleitsätzen der wörtlichen Rede die **Verbformen von „sagen"**. Wähle aus den folgenden Formulierungen passende aus und setze sie für „sagen" ein.
Notiere sie bei den entsprechenden Zeilen an den Rand. Du musst sie manchmal so umformen, dass sie in den Satz passen. Du kannst auch eigene Formulierungen finden.

Verben des Sagens — *murmeln   flüstern   rufen   anschreien   wispern   (los)poltern   fragen   antworten   bemerken   ergänzen   meinen   …*

Wie man etwas sagen kann — *vor Aufregung zitternd   vor Angst mit den Zähnen klappernd   leise   verschlafen   laut   aufgeregt   mit zitternder Stimme   verwundert   lächelnd   grinsend   …*

■ Unterstreiche alle **Verbformen von „gehen"** in einer anderen Farbe. Wähle aus den folgenden Formulierungen besser passende aus und notiere sie in der richtigen Form bei den entsprechenden Zeilen am Rand. Du kannst auch eigene Formulierungen finden.

Verben des Gehens — *laufen   schleichen   rennen   stürmen   stolpern   …*

■ An manchen Stellen können **wörtliche Gedanken** der Beteiligten den Text anschaulicher und spannender machen. Einen Vorschlag findest du weiter unten. Markiere die Stelle im Text, an die dieser Gedanke passt.
Markiere noch mindestens eine weitere Stelle, an der du wörtliche Gedanken einsetzen möchtest. Notiere deine Formulierung am Rand.

Wörtliche Gedanken — *„Was ist da los? Hoffentlich passiert Lissi nichts!", dachte ich.*

■ Auch **Zeitangaben** können einen Text spannender machen. Außerdem kann man damit Sätze abwechslungsreicher verbinden. Markiere Stellen, an denen die folgenden Zeitangaben passen könnten. Notiere die entsprechende Formulierung am Rand.

Zeitangaben — *jetzt   plötzlich   da   dann   endlich   auf einmal   in diesem Augenblick   …*

2 Schreibe jetzt mithilfe deiner Vorbereitungen und Notizen die Geschichte verbessert in dein Heft.

WERKSTATT
Rechtschreiben

Rechtschreibstrategien wiederholen

Langform bilden – Verlängerungsprobe durchführen

> Wenn du unsicher bist, ob ein Wort am Ende mit *b, d* oder *g* geschrieben wird, bilde eine Verlängerungsform:
> – bei Nomen den Plural: *das Pferd – die Pferde,*
> – bei Verben die wir-Form: *fegt – wir fegen,*
> – bei Adjektiven eine Verbindung mit einem Nomen: *klug – ein kluger Hund.*

1 Unterstreiche in der folgenden Wörtersammlung alle Nomen blau, alle Verben rot und alle Adjektive grün:

der Berg   die Burg   fand   fremd   gelb   glaubt   grob   der Korb   legt
der Mond   raubt   schräg   der Stab   stand   streng   wagt   der Wald
wild

2 Schreibe die Wörter mit einer Verlängerungsform auf. Beachte dabei die Angaben im Regelkasten.

der Berg – die Berge

3 Schreibe die folgenden Adjektive mit -*ig* in Verbindung mit einem Nomen auf. Beispiel: *bärtig – der bärtige Mann.* Löse die Aufgabe im Heft.

bärtig   bergig   eisig   farbig   hungrig   kräftig   lustig   mutig   riesig
sandig   spaßig   steinig   waldig   windig   witzig   wolkig

die **Blei|be; blei|ben;** du bleibst; er bleibt; er blieb; er ist noch dort geblieben; bleib[e] hier!; er hat es bleiben lassen (unterlassen), *seltener:* bleiben gelassen

4 Bilde zu den Verben die er-Form des Präsens und des Präteritums:

bleiben: *er bleibt, er blieb;*

fliegen:

geben:

heben:

reiben:

schreiben:

5 Schreibe zu den Verbformen weitere verwandte Wörter. Nimm das Wörterbuch zu Hilfe.

Rechtschreibstrategien wiederholen

6 Schreibe zu den folgenden Wörtern eine Verlängerungsform, die anzeigt, ob du ein *b, d* oder *g* schreiben musst. Um die passende Wortform zu finden, musst du das Wort mit dem Problembuchstaben zuerst abtrennen.

erheblich **he – ben**   das Erlebnis _____

saugfähig _____   freundlich _____

die Handlung _____   der Klebstoff _____

die Landkarte _____   die Raubkatze _____

schädlich _____   das Schlagzeug _____

unmöglich _____   das Zeugnis _____

7 Mit welchen Verben der Aufgabe 4 lassen sich mit dem Wortbaustein *weg-* neue Wörter bilden? Schreibe sie auf:

_____

_____

_____

8 Mit der Verlängerungsprobe kannst du auch herausfinden, ob du den stimmlosen s-Laut mit *s* schreiben musst: *das Haus – die Häuser.*
Sprich die folgenden Wörter mit der Verlängerungsform vor dich hin. Schreibe dann so: *die Gän-se – die Gans, wir brem-sen – bremst.*

die Gans   das Gas   das Glas   das Gras   der Hals   der Kreis
bläst   bremst   beweist   liest   rast   schmust

_____

_____

_____

9 Unten findest du Wörter zu drei Wortfamilien. Unterstreiche die Wörter der einzelnen Wortfamilien verschiedenfarbig. Die Wörter, die das *s* hörbar machen, unterstreiche doppelt.

Eis   grasgrün   eiskalt   Preis   Grasfläche   preislich   Eisbär   Grashalm
preiswert   grasen   preisgünstig   Eiszeit   Gras   anpreisen   eisig

WERKSTATT
Rechtschreiben

Rechtschreibstrategien wiederholen

Verwandte Wortformen bilden – Wörter ableiten

Die Umlaute *ä* und *äu* hören sich oft wie ein *e* oder *eu* an.
Die meisten Wörter mit *ä* und *äu* stammen von Wörtern mit *a* und *au* ab.
Wenn du also unsicher bist, ob ein *ä* oder *äu* geschrieben wird, so suche in der Wortfamilie nach einer anderen Wortform mit *a* oder *au*.

Fläche kommt von *flach*
... und *die Bäuche* kommt von *der Bauch*.

1 Begründe das *ä* und *äu* in den folgenden Wörtern, indem du ein verwandtes Wort mit *a* oder *au* hinzufügst.

aufgeräumt kommt von **Raum** , *beschädigen* von _____ ,

bläulich von _____ , *fälschen* von _____ ,

das Geräusch von _____ , *häufig* von _____ ,

kämpfen von _____ , *das Päckchen* von _____ ,

quälen von _____ , *die Sträucher* von _____

und *zänkisch* von _____

2 Suche zu den folgenden Wörtern mit *au* ein verwandtes Wort mit *äu* und zu den Wörtern mit *äu* ein verwandtes Wort mit *au*. Beispiel: *der Rauch – räuchern*. Nimm auch das Wörterbuch zu Hilfe.

*bäuerlich   die Braut   gebräuchlich   das Haus   häuten   käuflich
läuten   rauben   der Rauch   der Raum   säubern   sauer   der Schaum
die Schnauze   der Traum   das Zäunchen*

_____

_____

_____

_____

_____

3 Aus den Wörtern *die Angst, fangen, faul, saugen, der Tag, taufen, die Wahl* lassen sich mit den Wortbausteinen *-ling, -er, -nis* Nomen und mit dem Wortbaustein *-lich* Adjektive mit *ä* und *äu* bilden. Achte auf die Groß- und Kleinschreibung. Beispiel: *die Angst – ängstlich*.
Löse die Aufgabe im Heft.

Rechtschreibstrategien wiederholen

Wörter in Wortbausteine zerlegen

Manchmal kann man ein Rechtschreibproblem beim Schreiben oder Korrigieren eines Textes nur lösen, **wenn man zunächst das Wort in Wortbausteine zerlegt**, zum Beispiel: *die Balletttänzerin* mit *ttt*, weil: *Ballett + tänzerin*; *verrechnen* mit *rr*, weil: *ver + rechnen*.

4 Zerlege die folgenden Wörter in ihre Wortbausteine:

*die Glasscheibe   der Stofffetzen   der Glasschmuck   das Fluggerät
die Schifffahrt   die Nachttiere   die Kunststoffflasche
verreisen   überraschen   annehmen   weggeben*

5 Falsch verbunden! Stelle die richtigen Verbindungen her:

*Tafelpflanze   Spinnenleuchte   Nebelring   Ohrrahmen   Bilderlappen
Topfnetz*

rechnen   suchen
reisen   raten
schließen reden
schenken   rumpeln

6 Welche Verben von dem grünen Zettel lassen sich mit *ver-*, *über-* oder *aus-* verbinden?

ver-: verrechnen

über-:

aus-:

Es gibt Wörter, da gehört der Buchstabe *I* zum Wortstamm. Deshalb schreibt man sie mit *-ig*.
Beispiel:
ölig – das Öl + ig.

7 Bilde mit den Nomen *das Öl, das Mehl, der Ekel, der Buckel, der Stachel, der Nebel* und dem Wortbaustein *-ig* Adjektive. Beachte die Kleinschreibung!

WERKSTATT
Rechtschreiben

l, m, n ... einfach oder doppelt?

1 Unterlege jedes Wort mit einem Silbenbogen und markiere den letzten Buchstaben der betonten Silbe farbig:

brü**ll**en   die D**o**sen   die Feder   die Felder   fressen   die Hände

die Helden   die Hunde   der Jubel   die Kinder   knallen   knurren

der Korken   die Kugel   die Kühe   der Magen   der Regen

die Rinder   rollen   schnappen   wippen

2 Schreibe die Wörter dann in die richtige Spalte der folgenden Tabelle:

Bei Wörtern wie *bellen* und *fallen* wird das *l* verdoppelt. Die betonte Silbe hat einen Stopper, der Vokal wird kurz gelesen: *bel-len* und nicht *be-len*, *fal-len* und nicht *fa-len*.	Bei Wörtern wie *Felsen* und *Balken* ist eine Verdoppelung unnötig. Die betonte Silbe hat schon einen Stopper: *Fel-sen, Bal-ken* ...	Bei Wörtern wie *Hüte* und *Tüte*, *Bude* und *Feder* fehlt ein Stopper am Silbenende. Der Vokal wird lang gesprochen: *Tü-te* und nicht *Tüt-te*, *Fe-der* und nicht *Fed-der*.
brül-len	die Fel-der	die Do-sen

3 Bilde mit den Wörtern der einzelnen Spalten möglichst viele kurze Sätze. Wenn der Platz nicht ausreicht, arbeite in deinem Heft weiter.

l, m, n … einfach oder doppelt?

1 Bilde zu den folgenden Verben die wir-Form.
Schreibe ein verwandtes Wort dazu.

bellt – **wir bel-len - das Gebell**   hasst – _____

kommt – _____   kennt – _____

brennt – _____   kippt – _____

brummt – _____   knallt – _____

fällt – _____   lässt – _____

frisst – _____   rennt – _____

glimmt – _____   verpasst – _____

2 Schreibe in die Wortlücken die passenden Wörter aus Aufgabe 1:

Ein wachsamer Hund _____ , wenn ein Fremder _____ .

Er _____ alle Geburtstage seiner Mitschüler.

Puh, die Sonne _____ so richtig vom Himmel!

Wenn das Licht _____ , dann kommen die Motten.

Manchmal _____ auch der Kopf, dann hast du zu viel gearbeitet und dich zu sehr angestrengt.

André versucht sich zu befreien, doch Martina _____ nicht locker.

Die Asche im Kamin _____ noch nach.

Mein Vogel _____ mir aus der Hand.

Er _____ es, morgens so früh aufzustehen.

Jeden Morgen _____ er zum Bus, sonst _____ er ihn.

Steffi _____ häufig vom Stuhl.

Die Temperatur _____ heute Nacht unter den Gefrierpunkt.

WERKSTATT
Rechtschreiben

k oder ck? z oder tz?

> Merke dir: tz oder ck stehen in deutschen Wörtern für zz und kk.

heizen   der Dackel   denken   ekeln   die Hitze   die Wurzel

die Käuze   die Kerze   kratzen   die Kreuze   die Luke   merken   die Mücke

die Mütze   die Pflanzen   quieken   der Rücken   schaukeln

schenken   scherzen   die Schnauze   die Schnecke   die Spitze

spucken   spuken   stinken   tanzen   der Weizen   welken   die Witze

1 Unterlege jedes Wort mit einem Silbenbogen und markiere den letzten Buchstaben der betonten Silbe farbig.

2 Schreibe die Wörter dann in die richtige Spalte der folgenden Tabelle:

Bei Wörtern wie *Bäcker* und *lecker*, *Glatzen* und *schmatzen* schreiben wir *ck* und *tz*, damit die betonte Silbe einen Stopper hat und der Vokal kurz gelesen wird: *Bäc_ker* und *lec_ker* *Glat_zen* und *schmat_zen*	Bei Wörtern wie *Schurke* und *dunkel*, *tanzen* und *scherzen* hat die betonte Silbe einen Stopper: *Schur_ke* und *dun_kel*, *tan_zen* und *scher_zen*.	Bei Wörtern wie *Luke* und *Haken*, *Schnauze* und *reizen* fehlt ein Stopper am Silbenende. Der Vokal wird lang gesprochen; *au, ei, eu, äu* gelten als Langvokalbuchstaben: *Lu_ke* und *Ha_ken* *Schnau_ze* und *rei_zen*
der Dackel		heizen

k oder ck? z oder tz?

3 Übe mit den Wörtern der folgenden Tabelle so:
- Suche zu den einsilbigen Wörtern in Spalte 1 eine zweisilbige Wortform und schreibe sie in Spalte 2.
- Unterlege die zweisilbige Wortform mit einem Silbenbogen.
- Fülle die Wortlücke in Spalte 1.
- Schreibe ein verwandtes Wort dazu in Spalte 3.

k oder ck?

Spalte 1	Spalte 2	Spalte 3
sie ba ckt	bac ken	der Bäcker
er len t		
es zu t		
es spu t		
er spu t		
sie trin t		
es le t		
es schme t		
er quie t		

z oder tz?

Spalte 1	Spalte 2	Spalte 3
es kra t		
es grun t		
er hei t		
es rei t		
es nu t		
er pu t		
er fli t		
es bli t		
sie he t		

WERKSTATT
Rechtschreiben

Wann ss und wann ß?

Kissen   Bissen
Schüssel   Rüssel
Maße   Straße
Stöße   Größe

1 Sprich die Wörter auf dem blauen Zettel deutlich aus. Alle haben einen stimmlosen s-Laut.

2 Wann schreibt man *ss*, wann *ß*? Markiere die Buchstaben am Silbenende der betonten Silbe. Ergänze die folgende Regel:

Das *ss* steht immer dann, wenn die betonte Silbe …

_____

Das *ß* steht immer dann, wenn die betonte Silbe …

_____

3 Schreibe *ß* oder *ss* in die Lücken der folgenden Wörter. Unterlege dann jedes Wort mit einem Silbenbogen:

die Kü____e   die Klö____e   die Grü____e   die Pä____e

die Spä____e   die Nü____e   die Flü____e   die Sträu____e

die Fä____er   die Fü____e   die Stra____e   die Ga____en

Mit Stopper: *Kis-sen*.
Ohne Stopper *Ma-ße*.

4 Fülle die leeren Felder der folgenden Tabelle mit einer zweisilbigen Wortform. Schreibe sie mit Silbentrennungsstrich auf:

das Schloss	die Schlös-ser	der Fuß	
es gießt		der Schuss	
der Biss		der Riss	
er saß		es muss	
sie lässt		sie schließt	

das Schloss, weil *die Schlösser* und *er beißt*, weil *wir beißen*, …

5 Fülle die Lücken in den Wörtern der folgenden Sätze mit *ss* oder *ß*:

Das Hemd pa____t zur Hose. Jeder Pa____ enthält ein Pa____bild.

Sie grü____t ganz lieb. Ein Brief endet immer mit einer Gru____for-

mel. Mir ist der Spa____ vergangen. Er ist ein richtiger Spa____vogel.

Wörter mit oder ohne Dehnungs-h

> Nach langem Vokal steht manchmal ein Dehnungs-h. Dieses *h* kann nur vor *l, m, n* und *r* stehen. Vor anderen Buchstaben steht es nie.

1 In der folgenden Wörtersammlung findest du Wörter, die mit Dehnungs-h geschrieben werden, und Wörter, die du nicht mit *h* schreiben darfst. Unterstreiche die Wörter, die auf gar keinen Fall mit Dehnungs-h geschrieben werden dürfen. Beachte die Angaben im Regelkasten.

bo?ren   der Bo?te   die Bro?te   der Bru?der   die Fa?ne   die Fra?gen
die Ga?bel   gä?nen   ge?ben   die Hö?le   die Hü?ner   der Ju?bel
die Ke?le   der Le?m   e?ren   lo?ben   der Ma?gen   die Mö?re   ne?men
der Ra?men   die Sä?ge   sa?gen   ste?len   tre?ten

2 Schreibe die Wörter mit Dehnungs-h richtig auf und unterstreiche den Buchstaben, der dem *h* folgt:

bohren

> Das Dehnungs-h ist ein stummes h. Zu welcher Silbe gehört es eigentlich?

3 Setze in die Lücken ein *h* ein, wo es nötig ist. Im Zweifelsfall schlage im Wörterbuch nach:

Der König trägt oft eine go___ldene Kro___ne. Den oberen Teil eines

Baumes nennt man auch Kro___ne. Obwohl mein Onkel kein König

ist, hat er vom Za___narzt eine Kro___ne bekommen.

Dieses Ja___r ga___b es in der Nordsee besonders viele Qua___llen.

Viele fa___ren mit dem Fa___rrad zur Schu___le.

Einige Bi___lder brauchen einen neuen Ra___men.

Wenn jemand große Tö___ne spuckt, ist er ein Ange___ber.

Es gibt Sa___nequa___rk und Speisequa___rk.

Ich fa___re ge___rne mit der Ba___n.

Krä___nze werden gebu___nden oder geflochten.

Ein Scha___l ist ein la___nges, schma___les Ha___lstuch.

> Aufgepasst: Beginnt ein Wort mit *Qu/qu, Kr/kr, Kl/kl, Sp/sp, Sch/sch* oder *T/t*, steht nie ein Dehnungs-h. Auch nicht vor *l, m, n, r*!

WERKSTATT
Rechtschreiben

Fehler finden – Fehler benennen – Fehler berichtigen

Schülerinnen und Schüler der 6b haben kurze Erinnerungsgeschichten geschrieben. Zu Sofias Text gibt es zwei unterschiedliche Vorschläge für eine Berichtigung der Rechtschreibfehler:

>   U
> Eines Tages hat mir meine Oma etwas unbekanntes zu trinken gegeben.
>   ss
> Ich wusste nicht, das es Möhrensaft war, und habe es getrunken.
>   ss
> Es schmeckte schrecklich! Seit dem Tag haße ich Möhrensaft.

>   1)
> Eines Tages hat mir meine Oma etwas unbekanntes zu trinken gegeben.
>   2)
> Ich wusste nicht, das es Möhrensaft war, und habe es getrunken.
>   3)
> Es schmeckte schrecklich! Seit dem Tag haße ich Möhrensaft.
>
> 1) etwas Unbekanntes (etwas Gutes, nichts Neues, viel Überraschendes)
>
> 2) Ich wusste ... nicht, dass es Möhrensaft war.
>
> 3) hassen (has sen wie pas sen, las sen) (aber: a ßen, verga ßen)

1 Überlege und sprich mit jemandem über die Fragen:
– Welche Vor- und Nachteile haben die beiden Berichtigungen?
– Wann soll man *im Wort,* wann *in der Wortgruppe* und wann *im ganzen Satz* berichtigen?

2 Finde im folgenden Text sechs Rechtschreibfehler und ein fehlendes Komma. Kennzeichne und berichtige die Fehler. Vergleiche deine Berichtigung anschließend mit einem Mitschüler.

Es war ein wunderschöner Ferientag und ich ging zur Skaterbahn. Dort traff ich Sebastian und fragte ihn, ob ich sein Skateboard haben dürfte. Ich freute mich das er es mir sofort erlaupte. Zuerst klapte alles prima. Dann rutschte ich ab und das Skateboard schlug gegen meinen Kopf. Janos fuhr mich mit dem Fahrrad zum Krankenhaus. Dort half mir zuerst keiner weiter, die Notaufnahme muste ich selbst finden. Die Wunde wurde mit fünf stichen genäht.

Tipps und Hilfen zum Üben

1 Die Schülerinnen und Schüler der 6b haben Wörter aus ihrer Wörtersammlung herausgesucht, für deren Schreibweise es keine besondere Regel oder Schreibhilfe gibt.
Welche gemeinsame Rechtschreibschwierigkeit entdeckst du?

*der Aal   das Beet   das Boot   der Schnee   doof   die Fee   das Haar
der Klee   leer   das Meer   das Moos   das Paar   der See   der Staat
der Tee   der Teer   der Zoo*

2 Aus einem Übungskoffer haben sie folgende Übungen ausgewählt. Führe die Übungen mit den ausgewählten Wörtern durch:

■ **Nach Wörtern mit aa, ee, oo ordnen**

■ **Zu einsilbigen Wörtern die Langform bilden**
– Zu Nomen den Plural: *der Aal – die Aale.* Aufgepasst: Nicht zu allen Nomen gibt es eine Pluralform!
– Adjektive mit einem Nomen aufschreiben: *der doo-fe Schnee.*

■ **Verwandte Wörter suchen**
Nimm das Wörterbuch zu Hilfe.

■ **Möglichst viele Übungswörter in einem Satz unterbringen.**

WERKSTATT
Rechtschreiben

Groß oder klein?

> Ein Artikel kann in einem anderen Wort versteckt sein:
> *im – in dem, vom – von dem, beim – bei dem, ins – in das . . .*

Wenn du auf die Erkennungswörter für Nomen (Artikel, Pronomen und Adjektive) achtest, kannst du herausfinden, welche Wörter Nomen sind und großgeschrieben werden.

1 Alle Nomen in den folgenden Wörtergruppen sind kleingeschrieben. Suche die Erkennungswörter der Nomen und unterstreiche sie:

am großen, alten baum   im runden turmfenster   das ungute gefühl

sein ängstlicher blick und der unsichere gang

vom knorrigen baumstumpf aus   die umgestürzte leiter   schwaches licht

verdächtige geräusche   lange, dunkle schatten   eine unheimliche stille

sein pochendes herz   ein lustiger, unvergesslicher streich

2 Berichtige die Anfangsbuchstaben der Nomen. Verbinde Erkennungswörter und Anfangsbuchstaben der Nomen mit Pfeilen.

3 Schreibe in dein Heft mit den Wörtergruppen Sätze für eine spannende Waldgeschichte. Kontrolliere anschließend die Großschreibung der Nomen.

4 Berichtige im folgenden Text die Anfangsbuchstaben der Nomen. Wenn du unsicher bist, suche nach Erkennungswörtern: Es können Artikel, Pronomen oder Adjektive sein.

Der Baum als Lebensraum

Der baum dient vielen tieren als wichtiger lebensraum. Auf ihm findet man eine fülle von unterschiedlichen tierarten. Die meisten tierarten sind sehr klein und gehören zur gruppe der wirbellosen. Man hat festgestellt, dass auf einer ausgewachsenen eiche bis zu 300 verschiedene insektenarten vorkommen. 100 davon gehören zu den schmetterlingen. Ihre larven leben in und auf den blättern. Die bäume müssen sich gegen den raub ihrer nährstoffe und auch gegen kleine und große beschädigungen wehren. Bäume haben dazu verschiedene chemische stoffe entwickelt, die in den blättern und im holz gespeichert werden.

Groß oder klein?

Verben können zu Nomen werden

> Auch ein Verb, das man sonst kleinschreiben muss, kann zu einem Nomen werden. Vor dem Verb steht dann oft ein Erkennungswort (*das, ein, am, beim, im, vom, zum, mein, dein, sein, unser*).
> Beispiel: *brüllen – das Brüllen, beim Brüllen, sein Brüllen.*

5 In den folgenden Satzpaaren sind einige Wörter in Großbuchstaben geschrieben. Markiere die Verben mit ihrem Erkennungswort, die zu Nomen geworden sind und jetzt großgeschrieben werden müssen:

Bei der letzten Arbeit ist uns das LACHEN vergangen. Während der Theatervorführung mussten wir oft LACHEN.
Ich SCHREIBE gerne lange Geschichten. Beim SCHREIBEN brauche ich viel Ruhe.
Am GEHEN erkenne ich ihn sofort. Wir GEHEN nach Hause.
Er muss oft RECHNEN. Sein RECHNEN muss er verbessern.
Während der Klassenfahrt werden wir häufig WANDERN. Zum WANDERN braucht man gute Schuhe.
Vom SINGEN sind wir schon ganz heiser. Wir SINGEN im Chor.
Vor dem ESSEN waschen wir uns schnell die Hände. Wir ESSEN gern Spaghetti.

6 Schreibe die Sätze jetzt richtig in dein Heft.

7 Entscheide: groß oder klein? Streiche den falschen Anfangsbuchstaben jeweils durch. Unterstreiche die Erkennungswörter. Aufgepasst: Zwischen einigen Nomen und ihren Erkennungswörtern stehen jetzt Adjektive!

Für einen Aufenthalt im Wald **e/E**rarbeiten die Schülerinnen und Schüler gemeinsam Verhaltensregeln, die sie befolgen wollen: Verboten ist das **b/B**eschädigen von Bäumen und Sträuchern. Alle wollen das laute **r/R**ufen und das **r/R**umschreien auf jeden Fall **u/U**nterlassen und als Gäste des Waldes die Tiere nicht unnötig **s/S**tören.

Es gibt verschiedene Arten des **l/L**achens. Man kann herzlich, fröhlich, laut, aber auch schadenfroh, frech und leise **l/L**achen. Das **g/G**rinsen ist ein schadenfrohes **l/L**achen, das **k/K**ichern ein leises **l/L**achen. Wenn Menschen **l/L**ächeln, zeigen sie anderen ihre Freundlichkeit. Das **l/L**achen kann auf andere ansteckend wirken.

Du kannst deutlich, leserlich oder unordentlich, undeutlich, unleserlich **s/S**chreiben. Das ordentliche **s/S**chreiben kannst du **l/L**ernen. Beim **s/S**chreiben machen wir häufig auch Fehler. Deinen Aufsatz kannst du **v/V**orschreiben. Beim **v/V**orschreiben kannst du dich zunächst auf den Inhalt **k/K**onzentrieren. Später beim **ü/Ü**berarbeiten kannst du dann auch das **r/R**echtschreiben überprüfen.

Hoffentlich vergeht dir das Lachen nicht.

WERKSTATT
Rechtschreiben

Groß oder klein?

Adjektive können zu Nomen werden

> Adjektive können zu Nomen werden, wenn davor ein Artikel steht und dahinter kein anderes Nomen folgt.
> Beispiel: *der Fleißige*, aber: *der fleißige Schüler*.

8 Einige Wörter des folgenden Textes sind in Großbuchstaben geschrieben. Unterstreiche die Adjektive, die zu Nomen geworden sind. Schreibe die Sätze dann richtig ins Heft.

Wir treffen uns an der GRÜNEN Bank. Wir fahren dann ins GRÜNE. Es soll nicht mehr DUNKEL sein. Im DUNKELN können wir nichts erkennen.
Vergiss nicht für das SÜßE, das SAURE und das GEBRATENE zu sorgen. Peter isst gern die SÜßEN Kirschen, Karin lieber die SAUREN Äpfel aus dem Garten und Thomas braucht unbedingt sein GEBRATENES Hähnchen am Grill. Ich habe im Moment vom SÜßEN und von dem SAUREN die Nase voll, auch vom GEBRATENEN.

> Adjektive schreibt man auch groß nach den Mengenwörtern *alles, viel, genug, manches, etwas, wenig, nichts*.

9 Unterstreiche in den folgenden Sätzen die Adjektive, die zu Nomen geworden sind, mit ihren Erkennungswörtern:

Es war ein GROßARTIGES Fest. Wir haben etwas GROßARTIGES erlebt.
Alles LANGWEILIGE war wie weggeblasen. Mir war nie LANGWEILIG.
Manches FALSCHE und viel DUMMES wird erzählt. Das sind aber alles FALSCHE Behauptungen und DUMME Gerüchte.

10 Schreibe die Sätze jetzt richtig in dein Heft ab.

11 Neun Adjektive sind in den folgenden Sätzen zu Nomen geworden und müssen großgeschrieben werden. Suche sie und überschreibe sie mit Großbuchstaben:

Das schöne muss man nicht immer in der ferne suchen. Auch die nähere Umgebung hat oft viel interessantes und manches kostbare zu bieten. Für die kleinen gibt es vielfältige Spielangebote, für die großen einige Fahrradtouren. Viele Sehenswürdigkeiten ziehen die jungen und die alten in gleicher Weise an. Zur Stärkung gibt es unterwegs viel schmackhaftes in den Kiosken und den Restaurants.

Es gibt nichts Gutes, außer man tut es!

RECHTSCHREIBEN

Groß oder klein?

1.2 Verben und Adjektive werden zu Nomen, wenn du einen der Wortbausteine -*ung*, -*heit*, -*keit* oder -*nis* anhängst. Bilde mit jedem der vier Wortbausteine sieben Nomen:

ärgern wohnen böse üben dankbar dumm erlauben lesen erleben befragen fähig fälschen gleich flüssig frei freundlich kennen vergeben geheim neu hindern krank meinen sauber selten übel verrückt zärtlich

-heit: _____

-keit: die Dankbarkeit, _____

- nis: _____

-ung: _____

1.3 Schreibe die Nomen mit dem Wortbaustein -*nis* noch einmal im Plural auf. Beachte: Der Wortbaustein wird dann mit *ss* geschrieben!

-nisse: die Ärgernis-se, _____

1.4 Unterstreiche alle Adjektive in der Wörtersammlung oben. Bilde dann mit einigen Adjektiven Nomen, indem du sie mit Artikel oder Mengenwörtern aufschreibst.

das Böse, etwas Böses

> Adjektive, die zu Nomen werden, erhalten als Endung ein -*es* oder -*e*: *etwas Gutes, alles Gute.*

WERKSTATT Rechtschreiben

Satzzeichen bei wörtlicher Rede

Begleitsatz vorn:
Sie schwärmt: „Bücher liebe ich über alles."
Er fragt: „Liest du auch Comics?"
Sie ruft entsetzt: „Auf keinen Fall!"

Begleitsatz nachgestellt:
„Bücher liebe ich über alles", schwärmt sie.
„Liest du auch Comics?", fragt er.
„Auf keinen Fall!", ruft sie entsetzt.

Begleitsatz eingeschoben:
„Ich glaube", sagt er, „ich sollte dir einen guten Comic leihen."

Aufgepasst: Auch nach dem Frage- oder Ausrufesatz wird hier klein weitergeschrieben!

1 Unterschlängele im Merkkasten die wörtliche Rede und unterstreiche den Begleitsatz.

2 Überprüfe die folgenden Aussagen zur Zeichensetzung bei wörtlicher Rede anhand der Beispielsätze im Merkkasten oben:

1. Wenn der Begleitsatz vorn steht, folgt immer ein Doppelpunkt.
2. Das Anführungszeichen steht vor dem Komma, aber nach dem Punkt.
3. Nachgestellte und eingeschobene Begleitsätze werden immer von der wörtlichen Rede durch Komma abgetrennt.
4. Bei einer Frage und einem Befehl oder Ausruf bleiben Frage- und Ausrufezeichen erhalten.

Sprechblasen:
- Manchmal blättere ich gern mal in einem Kochbuch.
- Was ist eigentlich dein Lieblingsgericht?
- Das weißt du doch ganz genau!

3 Setze die Sätze aus den Sprechblasen in die wörtliche Rede. Bilde zu jedem Beispiel die drei Möglichkeiten: vorangestellter, nachgestellter und eingeschobener Begleitsatz. Löse die Aufgabe in deinem Heft.

Satzzeichen bei wörtlicher Rede

Bei der wörtlichen Rede musst du darauf achten, ob der Begleitsatz vor, nach oder in der wörtlichen Rede steht!

4 Übe mit den folgenden Texten so:
– Unterschlängele den Redeteil und unterstreiche den Begleitsatz.
– Setze dann alle fehlenden Satzzeichen.
– Lass dir einen Text oder einzelne Sätze diktieren.

Als der Roboter in die Autobahnraststätte kommt, sieht er einen Spielautomaten. Hallo, Kumpel sagt der Roboter und klopft dem Spielautomaten auf den Rücken. Da beginnt der Automat zu scheppern und spuckt eine ganze Ladung Münzen aus. Erschrocken sagt der Roboter Mit diesem Husten solltest du aber zu Hause bleiben.

Tobias hält ein Referat über Flugzeuge und beschließt es mit den Worten Sie können alles, was Vögel auch können, und mehr. Dann möchte ich doch zu gern sehen, wie sie Eier legen tönt es irgendwo hinten in der Klasse.

Der eine Ist das nicht komisch? Sie heißen Groß und sind ganz klein. Der andere Was ist daran komisch? Sie heißen auch Weber und sind ein Spinner.

Es hat Zeugnisse gegeben. Dennis kommt nach Hause und sagt zu seinen Eltern Also eigentlich habe ich eine gute Nachricht für euch. Wieso? Ihr braucht für das kommende Schuljahr keine neuen Bücher für mich zu kaufen.

„Würdest du bitte nicht pfeifen, wenn du arbeitest!"
„Ich arbeite doch gar nicht. Ich pfeife nur."

5 Vervollständige einen der beiden Witze von den Zetteln mit möglichen Begleitsätzen. Sie können vorangestellt, nachgestellt oder eingeschoben sein. Beachte die Zeichensetzung!

„Hast du denn keine Armbanduhr?"
„Doch, aber die ist schon zu Hause. Die geht nämlich immer vor."

WERKSTATT Rechtschreiben

Satzzeichen setzen

Sinneinheiten finden – Satzgrenzen erkennen

1. In dem folgenden Text fehlen alle Satzschlusszeichen (Punkt, Ausrufezeichen, Fragezeichen) und alle Kommas. Um die fehlenden Satzzeichen zu setzen, gehe Schritt für Schritt vor:

Schritt 1: Unterstreiche alle Verben. Der Anfang ist schon gemacht.

Schritt 2: Überlege, wie viel Text jeweils zu einem Verb gehört. Das ist eine Sinneinheit. Markiere diese Sinneinheit mit einer Klammer.

Schritt 3: Lies die Sinneinheiten und setze Satzzeichen. Entscheide, ob du sie durch ein Komma, einen Punkt, ein Ausrufezeichen oder Fragezeichen trennen willst. Überschreibe den Anfangsbuchstaben am Satzanfang mit einem Großbuchstaben!

Schritt 4: Vergleiche dein Ergebnis mit einem Partner. Begründe die Satzzeichen mithilfe der Angaben im Regelkasten unten.

Standhafter Bleistift

(Lege einen Streifen Papier über eine glatte Tischkante) und (stelle einen Stift mit dem geraden Ende darauf) dann kannst du das Papier entfernen den Bleistift darfst du dabei nicht berühren und umwerfen ziehst du das Papier langsam fort fällt der Stift garantiert um der Versuch gelingt wenn du mit einer Hand den Papierstreifen festhältst und mit dem Zeigefinger der anderen Hand blitzschnell auf den Streifen schlägst kannst du erklären warum der Bleistift stehen bleibt

---

Was zu einem Verb gehört, bildet eine Sinneinheit.
Das Verb kann einteilig sein: *Schimpansen* **leben** *in Gruppen.*
Oft ist es mehrteilig: *Schimpansen* **können** *wir in Zoos* **beobachten.**

a) Überall, wo eine Sinneinheit aufhört und eine neue beginnt, muss ein Satzzeichen stehen:
  – **ein Komma:** *(Schimpansen gehören zu den Menschenaffen), (sie sind sehr intelligent).*
  – **ein Punkt:** *(Der natürliche Hauptfeind der Schimpansen ist der Leopard). (Der Affe schlägt sogar mit Stöcken nach der Raubkatze).*
  – **ein Ausrufezeichen oder Fragezeichen:** *(Schützt die Menschenaffen vor dem Aussterben)! (Wer unternimmt endlich etwas)?*
b) Wenn eine Sinneinheit durch *und* oder *oder* verknüpft wird, fehlt das Komma: *(Die Affen beobachten die Zoobesucher) oder (sie toben in ihren Käfigen miteinander).*
c) Manchmal fehlt in einem Textteil ein Verb: *(Richtig so)! (Ja), (nur so weiter)!*
d) Die Glieder einer Aufzählung werden durch Komma, *und* oder *oder* getrennt: *(Schimpansen, Gorillas und Orang-Utans gehören zur Gruppe der Menschenaffen).*

Satzzeichen setzen

2 In dem folgenden Text fehlen die Satzzeichen. Experimentiere mit dem Text wie in Aufgabe 1 (S. 52) beschrieben.

1. Verben markieren
2. Sinneinheiten finden und einklammern
3. Satzzeichen setzen
4. Ergebnisse vergleichen

Jana hat für die Zauberstunde einen Trick mit Wasserglas und Münze vorbereitet sie sitzt als Zauberin verkleidet vor der Klasse vor ihr auf dem Tisch liegt ein knallroter Papierbogen darauf steht ein Wasserglas mit der Öffnung nach unten neben dem Glas liegt ein glänzendes Eurostück aus der Tasche zieht Jana ein weißes Tuch das deckt sie über das Glas und hebt beides hoch jetzt spricht sie langsam ihren Zauberspruch sie setzt dabei das Glas ab und bittet einen Mitschüler das Tuch wegzunehmen die Münze ist spurlos verschwunden

später verrät Jana der Klasse ihren Trick

man braucht dafür zwei gleichfarbige Bögen Buntpapier und ein Wasserglas auf einen Bogen stellt man das Wasserglas mit der Öffnung nach unten mit dem Bleistift zieht man einen Kreis um das Glas und schneidet ihn sorgfältig aus jetzt klebt man die Papierscheibe auf den Glasrand des Wasserglases den unzerschnittenen Bogen legt man auf den Tisch das Wasserglas stellt man mit der zugeklebten Öffnung nach unten darauf und legt eine Münze daneben überdeckt das Glas geheimnisvoll mit dem Tuch und sagt einen Zauberspruch den man sich vorher ausgedacht hat

Jetzt wird das Glas zusammen mit dem Tuch hochgehoben und über die Münze gestülpt das Glas wird wieder vorsichtig in die Mitte gerückt und das Tuch weggezogen die Münze ist verschwunden übrigens könnt ihr sie auch wieder herbeizaubern wisst ihr auch wie

3 Suche eine passende Überschrift für den Zaubertrick.

WERKSTATT Sprache

Wortfelder

1 Setze in die Zeilen **a** – **j** immer eines der folgenden Wörter aus dem Wortfeld „gehen" ein, das wirklich passt. Streiche das Wort, das nicht passt, in den Sätzen durch.

bummeln   fliehen (floh)   hinken   hüpfen   jagen   rennen (rannte)
stapfen   steigen (stieg)   stolpern   waten

So geht das aber nicht!

a Mit großen Schritten hinkten _____ wir durch den Schnee.

b Eilig spazierte _____ sie über den Schulhof.

c Sie hüpfte _____ mit schweren Beinen den Berg hinauf.

d Gemütlich rannte _____ sie durch die Stadt.

e Er watete _____ über einen Stein und fiel hin.

f Weil er sich den Fuß verknackst hatte, joggte _____ er nach Hause.

g Sie stolperte _____ fröhlich die Treppe hinunter.

h Er sprang _____ durch das flache Wasser am Strand.

i Weil sie hinter ihm her waren, bummelte _____ er in ein Versteck.

j Er floh _____ hinter dem Jungen her, um ihn zu fangen.

2 Streiche aus jeder Reihe das Wort weg, das nicht hineinpasst:

Ein Wort passt nicht in die Reihe!

rennen   eilen   schleichen   joggen   flitzen

bummeln   trödeln   flüchten   spazieren   latschen

hinken   fliehen   humpeln   stolpern   stapfen

rasen   jagen   sausen   marschieren   sprinten

Nomen

Ausschnitte aus einem Wörterbuch

❶ **Di|a|lekt,** der:	[e]s, -e;	Mundart
❷ **Di|a|mant,** der:	-en, -en;	Edelstein
❸ **Ding,** das:	-[e]s, -e, *ugs.** -er;	Sache
❹ **Di|no,** der:	-s, -s;	Abkürzung für Dinosaurier
❺ **Dis|co** (auch: **Dis|ko**), die:	-, -s;	Tanzlokal
❻ **Dis|ket|te,** die:	-, -n;	Datenspeicher
❼ **Dis|kus,** der:	-/ses, -se/...ken;	Sportgerät
❽ **Dis|kus|si|on,** die:	-, -en;	Aussprache
❾ **Dis|tel,** die:	-, -n:	Pflanze
❿ **Dis|zi|plin,** die:	-, -en;	Ordnung; Teilbereich des Sports

*ugs. bedeutet: umgangssprachlich

1 Trage die Wörter 1 bis 10 sinnvoll in die Lücken ein. Beachte aber: Du musst sie hier immer im Plural oder im Genitiv (2. Fall) verwenden!

❶ Sie konnte die Wörter seines _____ nicht richtig verstehen.

❷ Der Glanz des _____ in der Krone strahlte.

❸a Der Gauner drehte viele krumme _____ .

❸b Am Geburtstag wollte sie schöne _____ machen.

❹ Die Zähne des _____ sollen einen halben Meter lang gewesen sein.

❺ Auf dem Schulfest hört man die laute Musik der _____ .

❻ Er musste alles auf verschiedene _____ schreiben.

❼ Die _____ wurden beim Sportfest besonders weit geworfen.

❽ In der Klasse gab es lange _____ über den Klassenausflug.

❾ Er war mit nacktem Fuß in die Stacheln einer _____ getreten.

❿ Das Diskuswerfen gehört zu den _____ der Leichtathletik.

2 Vergleicht eure Eintragungen miteinander. Vergleicht besonders das, was ihr unter den Sätzen 3a und 3b und in 1 und 7 eingetragen habt.

WERKSTATT Sprache

Personalpronomen und Possessivpronomen

1 Setze in die Lücken des folgenden Textes die Personalpronomen *er, sie, ihm, ihn* oder *ihr* ein.

Großer Bruder – kleine Schwester

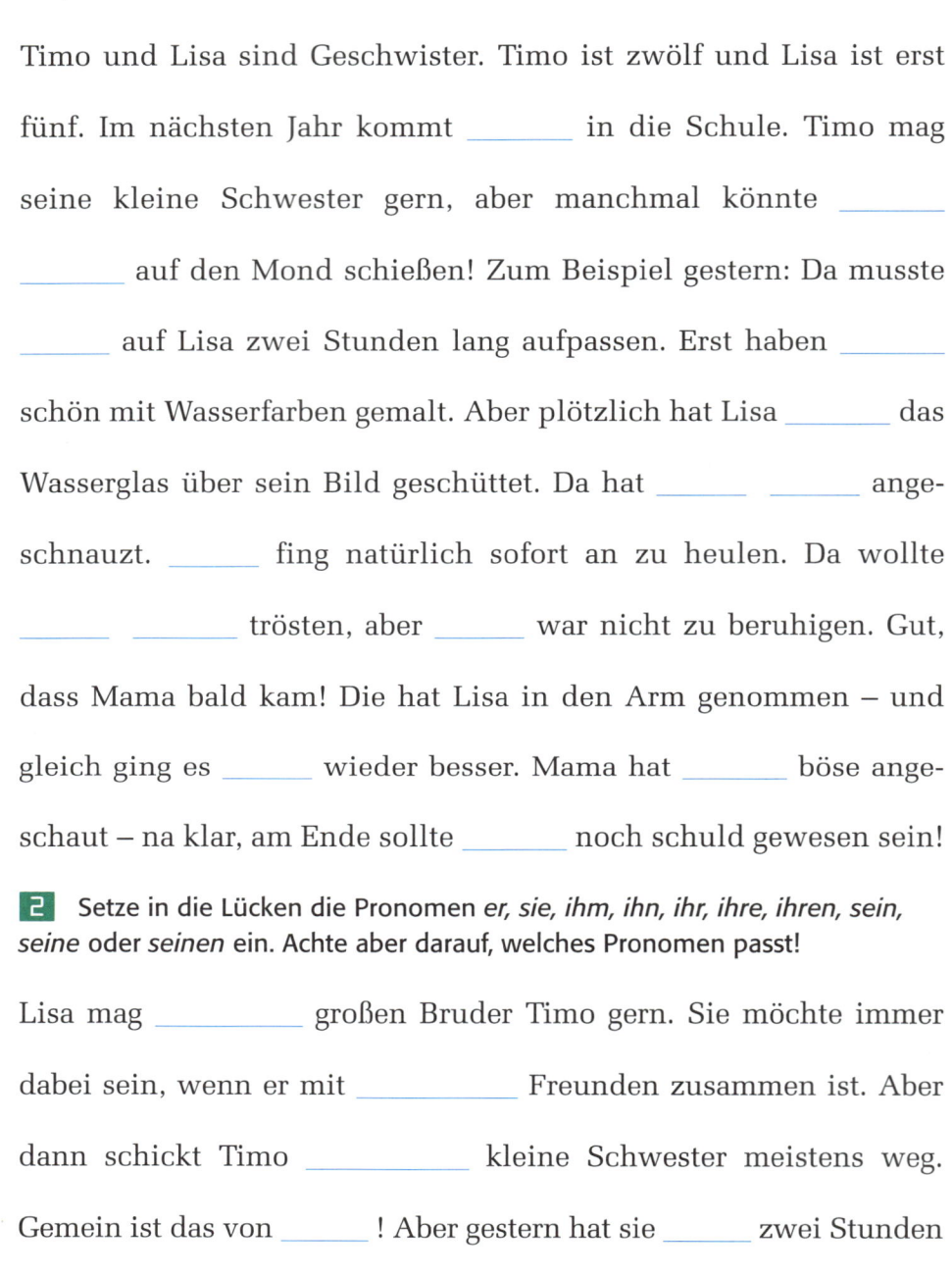

Timo und Lisa sind Geschwister. Timo ist zwölf und Lisa ist erst fünf. Im nächsten Jahr kommt _____ in die Schule. Timo mag seine kleine Schwester gern, aber manchmal könnte _____ _____ auf den Mond schießen! Zum Beispiel gestern: Da musste _____ auf Lisa zwei Stunden lang aufpassen. Erst haben _____ schön mit Wasserfarben gemalt. Aber plötzlich hat Lisa _____ das Wasserglas über sein Bild geschüttet. Da hat _____ _____ angeschnauzt. _____ fing natürlich sofort an zu heulen. Da wollte _____ _____ trösten, aber _____ war nicht zu beruhigen. Gut, dass Mama bald kam! Die hat Lisa in den Arm genommen – und gleich ging es _____ wieder besser. Mama hat _____ böse angeschaut – na klar, am Ende sollte _____ noch schuld gewesen sein!

2 Setze in die Lücken die Pronomen *er, sie, ihm, ihn, ihr, ihre, ihren, sein, seine* oder *seinen* ein. Achte aber darauf, welches Pronomen passt!

Kleine Schwester – großer Bruder

Lisa mag _____ großen Bruder Timo gern. Sie möchte immer dabei sein, wenn er mit _____ Freunden zusammen ist. Aber dann schickt Timo _____ kleine Schwester meistens weg. Gemein ist das von _____ ! Aber gestern hat sie _____ zwei Stunden für sich allein gehabt, weil _____ Mutter weg war. Erst haben _____ zusammen gemalt, doch plötzlich ist _____ Wasserglas umgefallen – genau auf _____ Bild. Da hat _____ _____ gleich angeschrien. Er hat _____ die Schuld gegeben, dabei hat _____ doch gar nichts gemacht. Der Timo kann _____ gestohlen bleiben!

Anredepronomen

> Liebe Frau Mischke,
>
> ich möchte **Ihnen** die beiden Portmonees schicken, die Jakob und Lena gestern bei mir vergessen haben. Damit **Sie** nicht etwa denken, die beiden hätten **sie** verloren, wollte ich **Sie** gestern noch anrufen. Aber **Ihr** Telefon war dauernd besetzt. Also habe ich die Sachen rasch eingepackt und **sie** in den Briefkasten gesteckt. Viel Geld ist in **ihnen** ja nicht drin gewesen. Am besten ist, **Sie** stecken die beiden Portmonees einfach den Kindern wieder in **ihre** Hosentaschen. Dann merken **sie** nicht, dass **sie sie** vergessen haben und kriegen kein schlechtes Gewissen. Übrigens: Es war sehr nett mit **Ihren** beiden Kindern; **sie** haben sich hier auf dem Bauernhof so richtig ausgetobt.
>
> Herzliche Grüße
>
> **Elisabeth Groß**

1 In diesem Brief sind einige Pronomen fett gedruckt. Mit diesen Pronomen sind verschiedene Personen und Dinge gemeint:
– Frau Mischke, die angeredet wird: Unterstreiche diese Pronomen rot.
– Die Kinder, von denen die Rede ist: Unterstreiche die Pronomen blau.
– Die beiden Portmonees, die die Kinder verloren haben: Unterstreiche die Pronomen schwarz.

2 In dem folgenden Brief musst du entscheiden, ob die Pronomen groß- oder kleingeschrieben werden müssen. Beachte: Nur die Anredepronomen werden großgeschrieben! Streiche die falsch geschriebenen Anfangsbuchstaben durch.

> Liebe Frau Groß,
>
> wir möchten uns sehr bei **I/i**hnen bedanken, dass **S/s**ie uns die Portmonees zurückgeschickt haben. Wir können uns gar nicht denken, wo wir **S/s**ie verloren haben könnten. Es ist uns auch gar nicht aufgefallen.
> Deswegen haben wir **S/s**ie auch nicht gesucht. Heute Morgen steckten **S/s**ie in unseren Taschen. Unsere Mutter hat uns aber gesagt, dass **S/s**ie **S/s**ie uns mit der Post geschickt haben. Und **S/s**ie sagte uns auch, wir sollten uns bei **I/i**hnen bedanken.
>
> Herzliche Grüße
>
> **Jakob und Lena Mischke**

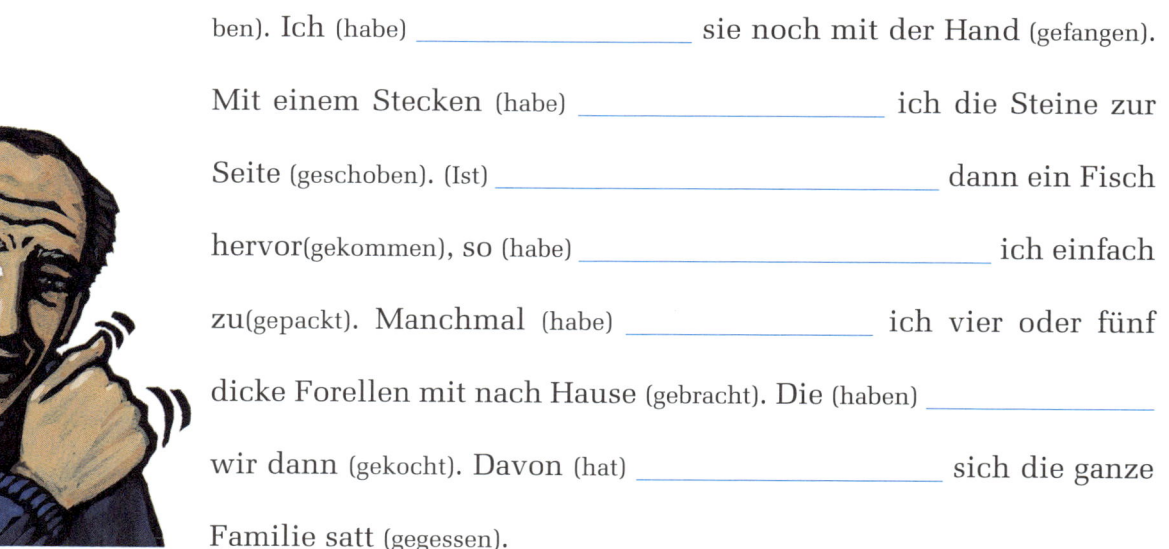

Die Zeitformen: Präsens oder Präteritum?

1 In den Klammern stehen die Verben in der Grundform. Setze in die Textlücken die Verben im Präsens (Gegenwartsform) oder im Präteritum (einfache Vergangenheitsform) ein.

Mädchen und Jungen – früher und heute

Ein Mädchen (müssen) _____ in früherer Zeit völlig andere Dinge tun als ein Junge. Während es heute fast alles tun (dürfen) _____ , (bekommen) _____ es früher zu vielen Dingen niemals die Erlaubnis. Wenn Jungen sich schmutzig (machen) _____ , wenn sie (herumtoben) _____ , wenn sie Sport (treiben) _____ , so war das normal.

Mädchen (dürfen) _____ das kaum.

Dafür (geben) _____ es heute umgekehrt nicht mehr den Spruch: Ein Junge (weinen) _____ nicht!

Auch ein Junge (dürfen) _____ weinen. Zum Glück!

2 Die folgende Geschichte ist mündlich erzählt worden. Wenn man sie aufschreibt, dann verwendet man das Präteritum. Trage die Verben im Präteritum in die Lücken ein.

Großvater erzählt

Damals (hat) _____ es in unserem Bach viele Fische (gegeben). Ich (habe) _____ sie noch mit der Hand (gefangen). Mit einem Stecken (habe) _____ ich die Steine zur Seite (geschoben). (Ist) _____ dann ein Fisch hervor(gekommen), so (habe) _____ ich einfach zu(gepackt). Manchmal (habe) _____ ich vier oder fünf dicke Forellen mit nach Hause (gebracht). Die (haben) _____ wir dann (gekocht). Davon (hat) _____ sich die ganze Familie satt (gegessen).

Die Zeitformen: Perfekt und Präteritum

1 In dem folgenden Text stehen alle Verben im Perfekt. Das kommt daher, weil ihn jemand mündlich erzählt hat. Unterstreiche das Perfekt in den einzelnen Sätzen, wie es im ersten Satz vorgemacht ist.

Namen, Namen

Ich habe gehört, dass die Kinder früher vor allem christliche Namen (bekommen haben) **bekamen**. Die Eltern haben _____ die Jungen auf Namen wie Johannes, Matthias und Josef getauft. Später hat _____ es dann richtig deutsche Namen gegeben. Die Jungen hat _____ man Friedrich, Hermann oder Hans genannt und die Mädchen Hedwig, Frauke oder Gudrun. Dann hat _____ man diese Namen eine Zeit lang vergessen. Doch in unserer Zeit haben _____ sich biblische Namen wieder durchgesetzt. In den letzten Jahren haben _____ Eltern ihren Kindern Namen wie Daniel, Lukas, Maria und Sarah gegeben. Auf der Hit-Liste der Mädchennamen haben _____ vor kurzem Sophie, Anna und Laura gestanden, bei den Jungen die Namen Alexander, Maximilian und Paul. In Amerika hat _____ es immer auch Namen gegeben, die für Mädchen und Jungen gleich ausgesehen haben _____. Dort hat _____ man sogar neue Namen wie Chanti oder Rashueen erfunden. Ob man damit ein Mädchen gemeint hat _____ oder einen Jungen, das hat _____ keinen interessiert. Aber die Eltern haben _____ es sicher gewusst!

2 Schreibe in die leeren Zeilen die Verben immer im Präteritum hinein und klammere die Verben im Perfekt ein.

Die starken Verben

1 Vervollständige diese Liste von starken (unregelmäßigen) Verben. Nimm dein Wörterbuch zu Hilfe und kontrolliere dein Ergebnis. Manchmal gelten auch zwei verschiedene Formen!

Infinitiv	Präteritum	Perfekt
		gebacken
	bog	
bitten		
	briet	
		gedurft
essen		
fallen		
		gefroren
	galt	
gewinnen		
	goss	
		geheißen
	kniff	
laufen		
		gelegen
müssen		
	riet	
	rang	
		gesaugt

stehlen – *stahl* – gestohlen
Der Dieb *stahl* den gesamten Inhalt des Safes.

2 Verwende die Formen der Verben, die dir nicht bekannt waren, in Sätzen. Schreibe sie in dein Heft.

Die Partizipien

Aus Verben kannst du durch Anfügen von Wortbausteinen zwei Arten von Partizipien bilden.
Partizip Präsens:
gehen + end -> gehend;
Beim **Partizip Perfekt** sind die Formen unterschiedlich für
– schwache Verben:
ge-tanz-t
– starke Verben:
ge-gang-en

1 Vervollständige die Tabelle der Verben durch die Partizipien. Nimm wenn nötig dein Wörterbuch zu Hilfe.

Infinitiv	Partizip Präsens	Partizip Perfekt
bügeln		
kauen		
fallen		
machen		
putzen		
leuchten		
schmelzen		
schneiden		
spielen		
kaufen		

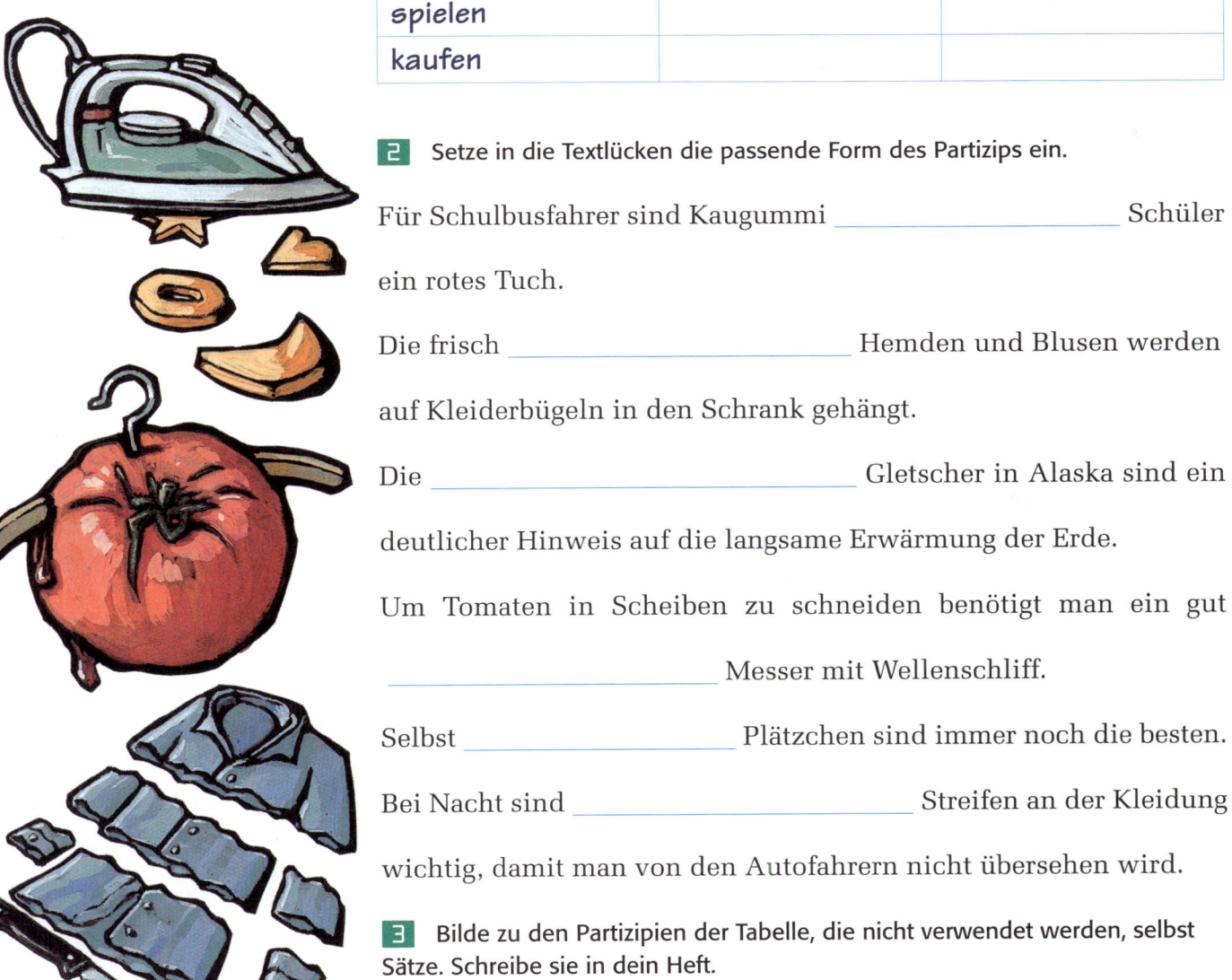

2 Setze in die Textlücken die passende Form des Partizips ein.

Für Schulbusfahrer sind Kaugummi _____ Schüler ein rotes Tuch.

Die frisch _____ Hemden und Blusen werden auf Kleiderbügeln in den Schrank gehängt.

Die _____ Gletscher in Alaska sind ein deutlicher Hinweis auf die langsame Erwärmung der Erde.

Um Tomaten in Scheiben zu schneiden benötigt man ein gut _____ Messer mit Wellenschliff.

Selbst _____ Plätzchen sind immer noch die besten.

Bei Nacht sind _____ Streifen an der Kleidung wichtig, damit man von den Autofahrern nicht übersehen wird.

3 Bilde zu den Partizipien der Tabelle, die nicht verwendet werden, selbst Sätze. Schreibe sie in dein Heft.

Adjektive

Welches ist welcher Baum?

1 Unterstreiche die Namen der Bäume und die Adjektive in den Sätzen:

Die Eiche ist höher als die Birke.
Dafür ist die Birke aber schlanker als die Eiche.
Die Birke ist größer als der Apfelbaum.
Dafür ist der Apfelbaum breiter als sie.
Die Tanne ist genauso groß wie die Birke.
Die Fichte sieht der Tanne am ähnlichsten.
Auf unserem Bild ist sie am größten
von allen Bäumen.
Den dünnsten Stamm hat die Birke,
den dicksten aber die Eiche.

_____ _____ _____ _____ _____

2 Schreibe die Namen der Bäume unter das Bild.

3 Setze die Adjektive, die auf dem grünen Zettel stehen, in ihren Vergleichsformen in die Zeilen ein:

Adjektive einsetzen

am kleinsten
am nächsten
am weitesten
breiteste
dick wie
genauso groß wie
größer als
dünnsten
kleiner als

a Die Fichte ist _____ die Eiche.

b Dafür ist sie aber auch nicht so _____ die Eiche.

c Der Apfelbaum ist _____ die Tanne.

d Die Birke ist _____ die Tanne.

e Auf unserem Bild ist der Apfelbaum _____ .

f Die _____ Krone hat die Eiche.

g Den _____ Stamm hat die Birke.

h Die Fichte steht _____ links.

i Die Tanne steht der Eiche _____ .

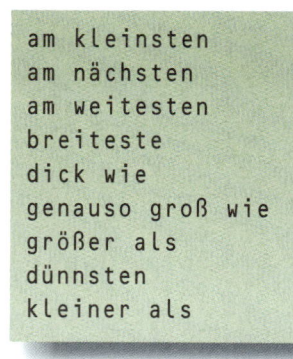

Konjunktionen

1 Verbinde die Sätze der linken Spalte mit den Sätzen der rechten Spalte. Verwende dabei eine passende Konjunktion aus der mittleren Spalte. Jede Konjunktion sollte nur einmal verwendet werden.

2 Schreibe die Geschichte in dein Heft. Vergiss die Kommas nicht.

Satzanfang	Konjunktion	Nebensatz
1. Ich habe verschiedene Tiere zu Hause,	nachdem	er das versteht.
2. Meine Eltern schenkten ihn mir,	damit	wir uns weit genug von der Straße entfernt haben.
3. Er wartet immer schon,	als	er gerne wieder zu mir zurückkehrt.
4. Meist ist er ganz ungeduldig,	aber	am liebsten habe ich meinen Hund.
5. Leider muss ich ihn fast immer an der Leine haben,	obwohl	ich mittags von der Schule nach Hause komme.
6. Auf meine Befehle hört er nur manchmal,	wenn	er will endlich ins Freie.
7. Von Zeit zu Zeit lasse ich ihn trotzdem frei laufen,	weil	ich mit ihm in der Hundeschule war.
8. Davor jedoch füttere ich ihn stets mit Leckereien,	ob	er gar nicht gut folgt.
9. Manchmal frage ich mich,	denn	ich alt genug war um ihn selbst versorgen zu können.

Die Satzglieder: Umstellproben 1

1 Schreibe jeden Satz noch zwei weitere Male auf. Den letzten Satz solltest du dreimal aufschreiben. Verschiebe dabei immer ein anderes Satzglied an den Anfang. Ziehe hinter jedem Satzglied einen Strich.

Schwein gehabt

Fischer machten an Floridas Küste einen besonderen Fang.

An Floridas Küste | machten | Fischer | einen besonderen Fang.

Sie zogen ein mit Salz verkrustetes Schwein aus dem Wasser.

Einen schrecklichen Sonnenbrand hatte wahrscheinlich das arme Tier.

Das schiffbrüchige Schwein trank an Bord große Mengen Wasser.

Es schlief dann völlig erschöpft den Rest des Tages.

Die Herkunft des „Meeresschweins" blieb den Fischern bis heute rätselhaft.

2 Jetzt stehen immer drei ähnliche Sätze untereinander. Manche passen besonders gut in den Zusammenhang, manche nicht so gut. Kreuze jeweils denjenigen Satz an, der dir am besten gefällt.

Die Satzglieder: Umstellproben 2

Kuh bricht in Supermarkt ein

1 Lies dir die Geschichte erst einmal durch.

Eine Kuh brach gestern unbemerkt aus ihrer Weide aus.

Sie verirrte sich <u>aber</u> <u>auf der Suche nach ihrem Stall</u>.

Sie lief aufgeregt durch die Straßen.

Sie stürmte dann geradewegs in einen Supermarkt.

Sie erschreckte <u>dort</u> <u>auf ihrer wilden Flucht</u> viele Kunden.

Sie hat <u>glücklicherweise</u> nichts <u>zerstört</u>.

Sie trottete <u>schließlich</u> <u>müde</u> zum Ausgang.

<u>Einige Kinder</u> trieben sie <u>dann</u> auf ihre Weide zurück.

„Sie ist <u>schon öfter</u> <u>ausgebrochen</u>", sagte der Bauer.

„Sie ist aber <u>noch nie</u> <u>in einen Supermarkt</u> <u>eingebrochen</u>!"

2 Die meisten der Sätze fangen mit *Sie* an. Besser würde sich der Text lesen, wenn du manchmal andere Satzglieder an den Anfang stellen würdest. Probiere es einmal aus. Die unterstrichenen Satzglieder passen für die Satzanfänge besonders gut.

Schreibe die Sätze in die leeren Zeilen.

Achtung: In drei Sätzen ist nichts unterstrichen. Hier musst du selbst entscheiden, ob du ein anderes Satzglied an den Anfang verschieben möchtest – oder nicht.

3 Vergleicht eure Lösungen miteinander.

Adverbiale Bestimmungen

Aufmerksam beobachten!

1. Füge beim Aufschreiben die adverbialen Bestimmungen von dem blauen Zettel in den folgenden Text ein:

Es war (wann?) _____, als unser Hausmeister (wohin?) _____ kam und uns (wie?) _____ sagte, dass wir (wann?) _____ den Fahrradstand beobachten sollten. Auch wenn einer (wohin?) _____ gehe, sollte er den Fahrradstand beobachten. Es sei nämlich ein Mann gesehen worden, der sich (wo?) _____ herumgetrieben habe. Sollten wir einen Fremden (wo?) _____ bemerken, sollten wir ihn, den Hausmeister, (wie?) _____ benachrichtigen, er würde dann die Polizei anrufen. Der Dieb müsste (wann?) _____ geschnappt werden.

> auf die Toilette
> am Fahrradstand
> zu uns in die Klasse
> in den Pausen
> mit ernster Stimme
> möglichst bald
> ganz schnell
> zwischen den Rädern
> gestern

2. Wie beantwortet Sophie die Fragen des Hausmeisters wohl?
Wähle diejenigen Antworten von dem grünen Zettel aus, die passen könnten.

Wo? Wann? Wie? Warum?

Hausmeister: Wann hast du den Mann gesehen?

Sophie: _____

Hausmeister: Und wo war das genau?

Sophie: _____

Hausmeister: Wie sah er denn aus?

Sophie: _____

Hausmeister: Und wie hat er reagiert, als er dich sah?

Sophie: _____

Hausmeister: Wo ist er dann verschwunden?

Sophie: _____

> blass
> vor einem Jahr
> groß und schlank
> aufgeregt
> hinter dem Sportplatz
> vor fünf Minuten
> vor dem Fahrradstand
> im Schwimmbad
> gelangweilt

Die Objekte: Das Dativ-Objekt

1 Setze in diese Geschichte die fehlenden Wörter im Dativ ein: *dem, ihm, seinem, diesem*.

Der Klügere gibt nach

Der große Moritz lauerte ____dem____ kleinen Joschi auf.

Er stellte sich _____ Jungen in den Weg.

_____ kleinen Joschi wurde etwas komisch.

Der blonde Tobi folgte _____ Freund Joschi.

Er wollte _____ helfen.

Der große Moritz drohte _____ Joschi.

Er wollte _____ Kleinen eins auswischen.

Das gefiel _____ Freund Tobi überhaupt nicht.

Der trat _____ Großen furchtlos gegenüber.

Das passte _____ Moritz überhaupt nicht.

Er drohte _____ Blonden.

Das imponierte _____ Tobi aber nicht.

Nun wollte der große Moritz _____ Joschi weh tun.

Da sagte sein Freund Tobi: „Komm, _____ Großen ist alles zuzutrauen, wir laufen _____ Blödmann einfach weg!" Und das glückte _____ kleinen Joschi und _____ blonden Tobi auch. Und dann waren sie _____ entflohen.

Der Große sprang _____ Freundespaar noch einige Schritte hinterher, doch dann waren sie _____ entwischt. Sie waren _____ einfach zu schnell!

2 Markiere alle Dativ-Objekte. Aber Achtung: Die meisten von ihnen bestehen aus mehreren Wörtern, ein Dativ-Objekt besteht sogar aus sieben Wörtern!

Die Objekte: Das Akkusativ-Objekt

1 Lies dir diese komischen Sätze erst einmal selbst vor. Sprich dabei die Wörter *den, einen, ihren* … deutlich aus, damit du den Akkusativ heraushörst.

Alle essen zu Mittag

1. Papa Egon schneidet … — *seinen* Schnuller.
2. Mutter Elisabeth reicht … — *ihren* Katzennapf — herum.
3. Olli löffelt sich … — *den* Braten. — heraus.
4. Lena schüttet sich … — *einen* dicken Haufen — auf ihr neues Kleid.
5. Tante Olga trinkt … — *einen* Löffel Soße
6. Opa Konrad rückt … — *einen* guten Appetit. — an den Tisch.
7. Das Baby lutscht … — *seinen* Stuhl
8. Der Dackel knabbert … — *einen* Schluck Wein. — ab.
9. Die Katze schleckt … — *die* Schüssel Kartoffelbrei — leer.
10. Papa Egon sagt: Ich wünsche euch … — *einen* Knochen

2 Du hast natürlich gemerkt, dass hier alle Akkusativ-Objekte vertauscht sind. Unterstreiche zuerst, was zu Satz 1 passt: *Wen* schneidet Papa Egon? – Natürlich *den Braten*. Schreibe dann die 1 vor *den Braten*. Schreibe vor die anderen Sätze die Ziffern 2 – 10.

3 Schreibe die 10 Sätze hintereinander richtig auf.

Zeichensetzung bei Aufzählungen

1 Setze in den folgenden Sätzen die fehlenden Kommas. Es sind sechs:

Hunderassen

Beachte: Bei Aufzählungen steht vor *und* bzw. *oder* kein Komma!

Dackel Collie Dalmatiner oder Pekinese und Schäferhund sind beliebte Hunderassen.
Bei der Jagd sind Hunde gute Helfer der Jäger. Mit ihrer empfindlichen Nase erschnuppern sie die Spuren von Kaninchen Füchsen Wildschweinen und anderen Tieren. Oder sie zeigen dem Jäger ihren Unterschlupf oder ihr Versteck.
Ein Polizeihund wittert mit der Nase die Spur des Räubers Lawinenhunde spüren verschüttete Skiläufer auf Hirtenhunde hören oder riechen das Raubtier und verscheuchen es.

2 Lies den nächsten Text Zeile für Zeile so, wie er da steht. Das klingt etwas merkwürdig:

Jeden Morgen dasselbe!

Die Mutter ruft am Morgen mehrere Male im Kühlschrank
warten Marmelade Käse und frische Milch im Bad
rauscht das Badewasser im Toaster
steckt das Toastbrot im Radio
spricht jemand den Wetterbericht durch die Gardinen
fallen die ersten Sonnenstrahlen auf mein Bett und mich
bekommt keiner aus den Federn.

3 Markiere dann die Teile, die zusammengehören, und setze alle Punkte und Kommas.
Schreibe am Satzanfang groß und berichtige die Anfangsbuchstaben.

4 Markiere auch in dem nächsten Text zuerst die Teile, die zusammengehören:

Mikes Zimmer

In Mikes Zimmer herrscht wie an jedem Morgen ein großes Durcheinander auf dem Fußboden liegen einige CDs zwischen Socken und anderen Kleidungsstücken unter dem Bett sieht man Zeitschriften und eine Pappschachtel mit Urlaubserinnerungen die Schubläden und Türen des Kleiderschranks sind geöffnet auf der Bettdecke hat Mike einige Hefte und Schulbücher verteilt auf der Heizung trocknet seine Badehose der Turnbeutel mit Turnschuhen Handtuch und Turnhose hängt an der Türklinke nur den Goldfisch auf dem Fensterbrett scheint das alles nicht zu stören

5 Setze nun Punkte oder Kommas. Berichtige die Anfangsbuchstaben am Satzanfang.

Das Komma in Sätzen mit Konjunktionen

Rettung aus letzter Not

als	bevor	bis
dass	nachdem	
obwohl	sodass	
weil	wenn	wie

1 Von den zehn Konjunktionen auf dem blauen Zettel passen fünf in die Lücken. Schreibe sie hinein:

Ein argentinischer Fischer flüchtete sich auf einen Baum,

_____ ein Hochwasser seine Hütte überschwemmte.

Er musste dort oben sitzen bleiben,

_____ das Hochwasser wieder zurückging.

Er ernährte sich von Blättern und Wasser,

_____ er oben im Baum keine andere Nahrung hatte.

Der Baumbewohner musste mehrere Tage warten,

_____ ihn andere Menschen entdeckten.

Ein Hubschrauber holte ihn aus dem Baum,

_____ man die Polizei benachrichtigt hatte.

2 Vertausche jetzt immer die beiden Sätze. Dabei musst du sie ein wenig umformen. Schreibe die passende Konjunktion in die Lücke und den zweiten Satz in die leere Zeile.

Rettung aus letzter Not

_____ ein Hochwasser seine Hütte überschwemmte,

flüchtete sich ein argentinischer Fischer auf einen Baum .

_____ das Hochwasser wieder zurückging,

_____ .

_____ er oben im Baum keine andere Nahrung hatte,

_____ .

_____ ihn andere Menschen entdeckten,

_____ .

_____ man die Polizei benachrichtigt hatte,

_____ .

Das Komma in Sätzen mit Konjunktionen

1 Fast alle Sätze des folgenden Textes bestehen aus zwei Teilen. Der zweite Teil beginnt immer mit einer Konjunktion. Unterstreiche zuerst einmal diese 13 Konjunktionen.

Besetzt! Einmal wollte Paul mich besuchen weil wir miteinander Hausaufgaben machen wollten. Er rief aber vorher an ob ich denn auch zu Hause sei. Da sagte meine Mutter dass ich mal ans Telefon kommen soll. Ich rannte auch schnell hin aber meine Mutter hatte aus Versehen das Telefon wieder aufgelegt. Paul legte natürlich auch wieder auf weil er nichts mehr gehört hatte. Er rief mich dann noch ein zweites Mal an nachdem er etwas gewartet hatte. Zur gleichen Zeit rief ich ihn aber auch an. Doch da war bei ihm natürlich besetzt da er ja den Hörer in der Hand hatte. Und er konnte mich auch nicht erreichen denn ich hatte ja gerade seine Nummer gewählt. Man kommt einfach nicht zusammen wenn man so etwas macht. Paul kam dann doch noch obwohl er mich nicht erreicht hatte. Wir redeten aber erst noch einmal über unsere Telefoniererei bevor wir uns an die Hausaufgaben machten. Wir machten uns klar wie das alles geschehen konnte. Am Telefon können komische Sachen passieren sodass man nachher nur lachen kann.

2 Setze jetzt dort, wo der erste Teil der Sätze zu Ende ist, ein Komma ein.

3 Schreibe die Konjunktionen in alphabetischer Reihenfolge auf:

a _____ b _____

d _____ n _____

o _____ s _____

w _____

METHODEN LERNEN: Nachschlagen

Zweifeln ist wichtig – erst dann benutzt du das Wörterbuch!

Häufig schlägst du nicht nach, weil du dich sicher fühlst, wie das Wort geschrieben wird. Später ärgerst du dich vielleicht über einen Fehler, den du selbst nicht entdeckt hast. Der erste Schritt zum richtigen Schreiben ist also der Zweifel!

1 Hier ist ein Text, in dem 15 Wörter falsch geschrieben sind.
Die Striche in der Randspalte zeigen an, wie viele Fehler in der Zeile gemacht worden sind. Du musst die Fehlerwörter aber noch finden. Wenn du nicht weißt, wie die Wörter richtig geschrieben werden, musst du im Wörterbuch nachschlagen.

		Wühlen im Dreck
Maschinen	||	Auf die Maschienen, fertig, los! Ein lautes ROOAARR dröhnt über das
	||	Gelende, als die drei Jungs in die Gaßpedale ihrer Bagger treten.
		Ein Druck auf den Steuerhebel – und die großen Schaufeln der
		Ungetüme graben sich tief in den dunklen Boden. Für Matschfans ist
		der Freizeitpark „Diggerland" (übersetzt: Buddelland) im englischen
	|	Örtchen Strood wirklich ein Paradis: Hier kann jeder in der Erde
	||	wülen, Steine aufladen und mit Follgas durch den Dreck rumpeln.
	|	Sogar Knirbse dürfen das. „Raus, Dad! Das ist meiner!", ruft ein
	||	kleines Mädchen, als sich sein Vater auf seinen Kipbagger schmugeln
	|	will. Als Diggerland vor drei Jahren aufmachte, wahren viele Leute
		noch skeptisch: Ob Kinder heute nicht lieber mit Computern spielen,
	|	fragten sie sich. Inzwichen haben die Betreiber wegen des großen
	||	erfolges zwei weitere Parks eröffnet. Allerdings ist der Spas nicht
	|	ganz billich: Eine Tageskarte kostet gut 25 Euro.

NACHSCHLAGEN

Zweifeln ist wichtig – erst dann benutzt du das Wörterbuch!

2 Überlege, mit welchen Buchstaben die folgenden Wörter beginnen könnten:

__urve (S. ____)   __lor (S. ____)   __ontainer (S. ____)

__orrigieren (S. ____)   __owboy (S. ____)   __ordel (S. ____)

__rom (S. ____)   __ouch (S. ____)   __reideweiß (S. ____)

__ollage (S. ____)   __ritzeln (S. ____)   __rashkurs (S. ____)

__amäleon (S. ____)

> Manchmal musst du an verschiedenen Stellen im Wörterbuch suchen, denn der Laut <k> kann auf verschiedene Weise geschrieben werden: mit K wie in *Kutsche* oder *Kopf*, mit Ch wie bei *Chor* oder *Christbaum* oder mit C wie bei *Camping* oder *Comic*.

Schlage dann im Wörterbuch nach und trage den richtigen Anfangsbuchstaben ein. Schreibe in Klammern die Seitenzahl des Wörterbuchs dazu, unter der du das Wort gefunden hast.

3 Bei den folgenden Wörtern musst du zwischen den Anfangsbuchstaben *F/f, Ph/ph* oder *V/v* entscheiden:

__elsblock (S. ____)   __iereck (S. ____)   __ysik (S. ____)

__orschen (S. ____)   __erkel (S. ____)   __arao (S. ____)

__olltreffer (S. ____)   __ieber (S. ____)   __erein (S. ____)

__öhn (S. ____)   __orwärts (S. ____)   __ilippinen (S. ____)

__ersuchen (S. ____)   __ilosophieren (S. ____)   __ertig (S. ____)

4 Um nachschlagen zu können, musst du das Alphabet sicher beherrschen. Ihr könnt die folgende Übung auch zu einem Wettspiel machen:

Nach dem Alphabet ordnen

Kreise in jeder Buchstabengruppe den Buchstaben ein, der an erster Stelle im Alphabet steht. Aus den eingekreisten Buchstaben kannst du den Namen eines berühmten Entdeckers zusammensetzen. Du musst die Buchstaben dazu in die richtige Reihenfolge bringen.

Z	U	S	W		V	Z	X	U
M	R	K	L		N	Q	L	T
N	W	M	P		D	B	G	J
S	U	O	P		Y	U	V	Z

> Du kannst für deine Mitschüler ein ähnliches Buchstabenrätsel vorbereiten.

Der berühmte Entdecker heißt: __ __

METHODEN LERNEN: Nachschlagen

Kopf- oder Leitwörter helfen beim Nachschlagen

1 In den meisten Wörterbüchern steht auf der linken Seite oben das erste Wort, mit dem die Seite beginnt, und auf der rechten Seite oben das letzte Wort, mit dem die Seite aufhört. Diese Wörter nennt man Kopfwörter oder Leitwörter. Sie helfen dir, ein Wort schnell zu finden.

Zum Beispiel steht das Wort „Fledermaus" in diesem Wörterbuch zwischen den Kopfwörtern „flachfallen" und „flutschen":

flachfallen 108 | 109 flutschen

flach|fal|len; (umgangssprachlich für: entfallen, ausfallen); die Feier fällt flach; der Ausflug ist wegen des schlechten Wetters flachgefallen; das **Flach|land** (ebenes Land)
der **Flachs; flach|sen** (umgangssprachlich für: spotten); du flachst; sie flachste; sie hat geflachst; flachs[e] nicht!
die **Flach|zan|ge**
fla|ckern; das Licht flackert; das Licht flackerte; das Licht hat geflackert
der **Fla|den** (flacher Kuchen; Kot); die Fladen
die **Flag|ge; flag|gen;** du flaggst; sie flaggt; sie flaggte; sie hat geflaggt
die **Flak** (Kurzwort für: Flugzeugabwehrkanone, Flugabwehrartillerie); die Flak[s]
flam|bie|ren (Speisen mit Alkohol übergießen, den man anzündet); er hat das Steak flambiert
Fla|men|co (ein Tanz[lied]); des Flamen-

die **Flau|te** (Windstille; Zeit schlechter Geschäfte); die Flauten
die **Flech|te** (eine Pflanze; ein Hautausschlag; ein Zopf); **flech|ten;** du flichtst; er flicht; er flocht; er hat einen Kranz geflochten: flicht mir die Zöpfe!
der **Fleck;** die Fle|cke oder Fle|cken; einen Fleck haben; sie hat blaue Flecke[n] bekommen; der **Fle|cken** (der Fleck; das Dorf); **fle|ckig**
die **Fle|der|maus**
das **Fleece** [fli's] (Flausch); des Fleece
der **Fle|gel;** die Flegel; **fle|gel|haft;** am flegel|haf|tes|ten: die **Fle|gel|jah|re** Plural
fle|hen; du flehst; er fleht; er flehte; er hat um Gnade gefleht; fleh[e] nicht um Gnade!; **fle|hent|lich**
das **Fleisch;** Fleisch fressende Pflanzen, Tiere; der **Flei|scher;** die **Flei|sche|rin;** die Fleischerinnen; **flei|schig**
der **Fleiß;** die **Fleißarbeit; fleißig;** sie ist

das **Fließ|band; flie|ßen;** das Wasser fließt; der Sekt floss in Strömen; Tränen sind geflossen; das **Fließ|heck** (schräg abfallendes Heck eines Pkw); die Fließhecks
flim|mern; etwas flimmert; etwas flimmerte; etwas hat geflimmert
flink
die **Flin|te**
der **Flip|per** (Spielautomat); **flip|pern;** du flipperst; sie flippert; sie flipperte; sie hat geflippert; flippere nicht so viel!
der **Flirt** [flœt auch: flɪrt] (Liebelei); die Flirts; **flir|ten;** [flœːətn auch: ˈflɪrtn]: du flirtest; sie flirtet; sie flirtete; sie hat mit ihm geflirtet
die **Flit|ter;** die **Flit|ter|gold;** die **Flit|ter|wo|chen** Plural
flit|zen; du flitzt; sie ist geflitzt
die **Flo|cke; flo|ckig**
der **Floh;** die Flö|he
der **Flop** (Hochsprung in Rückenlage; [ge-

geschrieben; die **Flot|te; flott|ma|chen;** sie hat das Schiff flottgemacht, ABER: **flott** (flink) **ma|chen;** das hat er flott gemacht
das, auch: der **Flöz** (abbaubare Nutzschicht im Gestein, vor allem Kohle); des Flözes; die Flöze
der **Fluch;** die Flüche; **flu|chen;** du fluchst; sie hat geflucht; fluch[e] nicht!
die **Flucht;** die Fluchten; **flüch|ten;** du flüchtest; sie flüchtete; sie ist geflüchtet; flüchte!; **flüch|tig;** der **Flüch|tig|keits|feh|ler;** der **Flücht|ling**
der **Flug;** die Flüge; das **Flug|blatt;** der **Flü|gel;** die Flügel; **flüg|ge;** der **Flug|ha|fen;** der **Flug|lot|se;** die **Flug|lot|sin;** die Fluglotsinnen; der **Flug|platz; flugs** (schnell); der **Flug|sand;** der **Flug|schrei|ber** (Gerät); das **Flug|zeug;** der **Flug|zeug|trä|ger**
die **Flu|ke** (Schwanzflosse des Wals)

A B C D E **F** G H I J K

2 Entscheide mithilfe der Kopfwörter, welche der folgenden Wörter auf den abgebildeten Seiten des Wörterbuches wohl zu finden sind. Unterstreiche sie und begründe deine Entscheidung: *ja, weil ...* oder *nein, weil ...*

Floh   Fohlen   flackern   fluchen   flach
fetzig   Fleck   frieren   freihändig   flott

3 Zwischen welchen Kopfwörtern findest du die rot gedruckten Wörter? Streiche die richtige Lösung an.

gesuchtes Wort	zwischen ...	oder zwischen ...	In meinem Wörterbuch zwischen ...
Rucksack	Rübe und Rückweg	Ruder und Rugby	
Kumpel	Kupfer und Kürbis	Küken und Kunde	
doof	Dollar und doppelt	Dorf und Dracula	
Streit	Streich und Streifen	Streik und Strick	
Quartett	quälen und Qualm	Quark und Quatsch	

Die Grundform von Verben und Adjektiven bestimmen

Manchmal ist es schwierig, ein Wort im Wörterbuch zu finden, weil es eine Abwandlung eines Grundwortes ist.

■ Bei **Personalformen der Verben** musst du den Infinitiv (die Grundform) bilden: *er ging → gehen*. Die Grundform findest du leicht, wenn du ein Verb in Verbindung mit *ich kann* oder *ich will* verwendest:
schrieb: ich kann schreiben, gewann: ich will gewinnen.

1 Schreibe hinter jedes Verb den Infinitiv (die Grundform) und die Seitenzahl im Wörterbuch:

sie hat gewogen – **wiegen**   , S.

du hast verloren –   , S.

ich habe gebrochen –   , S.

wir haben gewonnen –   , S.

es hat gekniffen –   , S.

es hing –   , S.

wir schmissen –   , S.

ich floh –   , S.

sie pfiffen –   , S.

er schnitt –   , S.

■ Die **Vergleichsstufen der Adjektive** musst du auf die Grundstufe zurückführen: *größer – groß, am höchsten – hoch*.

2 Schreibe die Grundstufe der folgenden Adjektive und die Seitenzahl im Wörterbuch auf:

am durstigsten – **durstig**   , S.

höher –   , S.

gefräßiger –   , S.

besser –   , S.

am lustigsten –   , S.

am längsten –   , S.

METHODEN LERNEN: Nachschlagen

Zusammengesetzte Nomen zerlegen

■ Bei manchen **zusammengesetzten Nomen** musst du sogar mehrmals nachschlagen:

Berggorilla unter **Berg** und **Gorilla** ,

Panzernashorn unter _____ ,

Feldspitzmaus unter _____ .

1 Zerlege die zusammengesetzten Nomen und schreibe die Teilwörter mit Artikel auf. Notiere hinter jedem Wort die Seitenzahl in deinem Wörterbuch:

die Felswand	der Fels, S.	die Wand, S.
die Kuckucksuhr		
das Riesenrad		
der Schaufelbagger		
die Blinddarmentzündung		
der Kreisverkehr		

2 In der folgenden Gruselgeschichte stehen viele zusammengesetzte Nomen. Kreise die Teilwörter ein. Schreibe dann den Text ab. Wenn du willst, kannst du dabei einen Teil der zusammengesetzten Nomen als Bild zeichnen.

Das Haus im Moor, eine Gruselgeschichte

Erwin Moser

Einsam steht ein Haus im Moor. Es ist Vollmond. Leise gluckst es im Sumpf und eine zerzauste Pappel rauscht im Wind. Es ist kurz vor Mitternacht. Werden sie heute wieder kommen?
  Wer?
  Na, die Sumpfgeister, die Moorhexen, die glotzäugigen Wassermänner, die Fledermäuse, die Wasserwölfe, die Bisamratten, die Schilfzwerge, die langen Schlangen, die Moorgespenster und die Vampire!
  Noch ist es still. Noch rührt sich nichts.
  Vielleicht trauen sie sich heute nicht aus ihren Schlupflöchern, weil der Mond so hell scheint?

3 Trauen sie sich doch noch heraus, die Sumpfgeister, Moorhexen und andere Gruselgestalten? Schreibe die Gruselgeschichte weiter.

Sachtexte untersuchen

Genau lesen

1 Lies die folgenden Texte durch und ordne sie jeweils einem der drei Themen zu. Aufgepasst: Zwei Texte handeln von einem anderen Thema! Schreibe es ebenfalls auf.

Diese Texte handeln von **Hasen**: _____ .

Diese Texte handeln von **Goldhamstern**: _____ .

Diese Texte handeln von **Hunden**: _____ .

Die beiden anderen Texte handeln von _____ .

1) Die ▬▬▬▬▬ umfassen ungefähr vierzig Arten aus der Gruppe der Raubtiere. Sie alle haben einen kurzen, runden Kopf mit langen Schnurrhaaren und scharfen Eckzähnen.

2) Wahrscheinlich ist der ▬▬ das älteste Haustier des Menschen. Vor rund 10 000 Jahren wurde er aus dem Wolf gezüchtet. Wir können nur vermuten, welchen Nutzen der ▬▬ dem Menschen damals brachte. Vielleicht machte er ihn auf wilde Tiere oder auf Beutetiere aufmerksam, vielleicht diente er dem Menschen auch als Nahrung.

3) Ihre Krallen können sie im Gegensatz zu den Hunden zurückziehen, sodass man ihren Gang fast nicht hört. Die meisten ▬▬ schleichen sich an ihre Beute an. Zu den ▬▬ zählt der Zoologe auch den Luchs und den Puma, vor allem aber Leopard, Jaguar, Tiger und Löwe.

4) Alle ▬▬▬▬▬, die bei uns in ▬▬▬▬käfigen gehalten werden, stammen von den wenigen Exemplaren ab, die 1930 in Syrien gefangen und nach Mitteleuropa gebracht wurden. ▬▬▬▬ haben große Backentaschen, in denen sie ihre Nahrung sammeln.

5) ▬▬▬▬ leben ungefähr zwei Jahre und können sieben- bis achtmal pro Jahr sechs bis zwölf Junge bekommen.

6) Unser ▬▬▬▬ liebt offene Landschaften und legt im Gegensatz zum Kaninchen keine Baue an. Bei Gefahr drückt er sich fest an den Boden und läuft erst im letzten Augenblick weg. Dabei kann er Geschwindigkeiten bis zu 70 Kilometer pro Stunde erreichen. Junge ▬▬▬▬ kommen mit geöffneten Augen und mit Fell auf die Welt. Im Gegensatz zu den Jungen des Kaninchens sind sie nicht hilflos.

7) Doch im Laufe der Zeit übernahmen die vielen ▬▬▬▬rassen ganz verschiedene Aufgaben: Die niedrigen Terrier jagen vor allem Ratten, die Dachs▬▬▬▬ Dachse. Der Retriever apportiert Enten, die Jäger geschossen haben. Vorsteh▬▬▬▬ machen auf Beutetiere aufmerksam. Hüte▬▬▬▬ wie die Sennen▬▬▬▬ beaufsichtigen Herden.

8) Wer ▬▬▬▬ beim Fressen zusieht, erkennt deutlich die langen meißelförmigen Schneidezähne. Wegen dieser Zähne glaubte man lange Zeit, die ▬▬▬▬ gehörten wie die Mäuse und die Goldhamster zu den Nagetieren. Heute wissen wir, dass die nächsten Verwandten der ▬▬▬▬ unter den Insektenfressern zu suchen sind.

METHODEN LERNEN: Sachtexte untersuchen

Wortbedeutungen klären – Informationen entnehmen

1 Bearbeite den folgenden Text so:
- Lies ihn ein- oder zweimal durch.
- Markiere alle Wörter, die du nicht genau verstehst, und schreibe sie in die Randspalte.
- Kläre jetzt die Bedeutung der Wörter aus dem Textzusammenhang, durch Nachschlagen oder frage Mitschüler oder Lehrer.
- Schreibe hinter jedes verstandene Wort eine kurze Erklärung.

Hubschrauber

Helikopter =

Der Hubschrauber oder <u>Helikopter</u> wurde in den Dreißigerjahren in Deutschland entwickelt. Heute ist er das Flugzeug, das man am vielseitigsten verwenden kann: Der Hubschrauber kann nämlich senkrecht starten und landen und braucht keine große <u>Landepiste</u>. Hubschrauber können in alle Richtungen fliegen und haben statt zweier Tragflächen einen Rotor, der die Rolle der Tragfläche und des Propellers gleichzeitig übernimmt. Der Pilot steuert den Hubschrauber, indem er den Anstellwinkel der Rotorblätter verändert. Wenn ein Hubschrauber nur einen großen Rotor besitzt, braucht er am hinteren Ende noch eine zusätzliche Heckschraube, sonst würde er sich aus physikalischen Gründen dauernd um die eigene Achse drehen. Wenn sich zwei Hauptrotoren in entgegengesetzter Richtung drehen, ist die Heckschraube überflüssig.

Landepiste = Landebahn

2 Beantworte jetzt die folgenden Fragen:

a) Wann wurde der Helikopter entwickelt?

b) Wieso kommt ein Hubschrauber ohne Tragflächen aus?

c) Welche Helikopter brauchen eine Heckschraube?

3 Schreibe in zwei bis drei Sätzen einen kurzen Informationstext über Hubschrauber in dein Heft.

SACHTEXTE UNTERSUCHEN

Informationen sammeln und gliedern

Anna interessiert sich für Elefanten. Sie möchte ihrer Klasse in einem kurzen Vortrag über ihre Lieblingstiere berichten. Alles, was ihr einfällt, hat sie sich schon notiert. In die Mitte hat Anna das Thema geschrieben. Weitere Informationen hat sie stichwortartig um das Thema herum angeordnet:

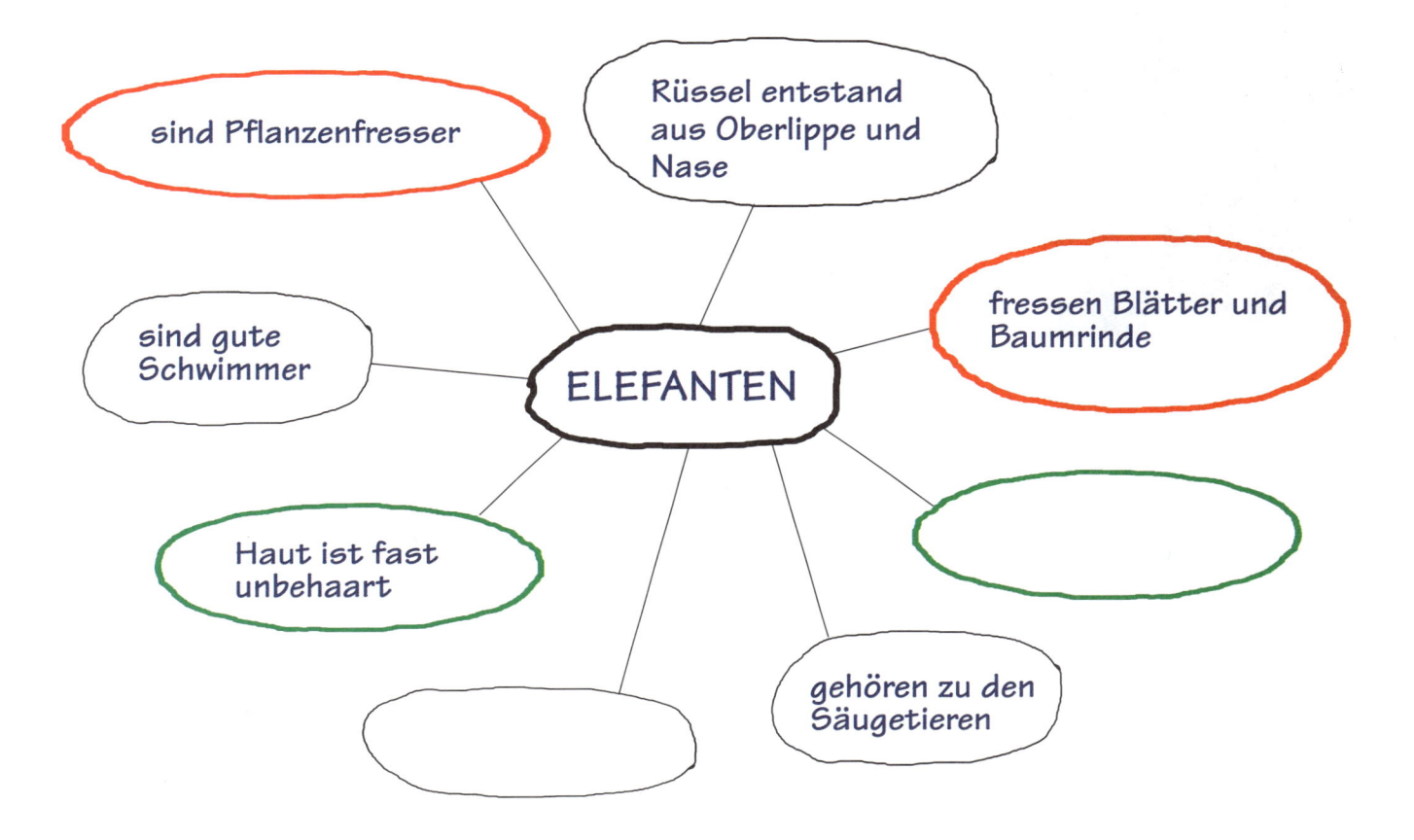

- sind Pflanzenfresser
- Rüssel entstand aus Oberlippe und Nase
- sind gute Schwimmer
- **ELEFANTEN**
- fressen Blätter und Baumrinde
- Haut ist fast unbehaart
- gehören zu den Säugetieren

1 Ergänze, was du über Elefanten weißt.

2 Lies jetzt den Text auf S. 80 und markiere alles Neue, das du über Elefanten erfährst.

3 Schreibe die neuen Informationen stichwortartig auf ein Blatt Papier.

4 Markiere die Informationen, die zusammengehören, in einer Farbe.

5 Suche zu den zusammengehörenden Informationen passende Überschriften.

METHODEN LERNEN: Sachtexte untersuchen

Informationen sammeln und gliedern

Elefanten

Die Elefanten sind die größten lebenden Landtiere. Ein großes Männchen, ein Bulle, wird doppelt so hoch wie ein ausgewachsener Mann und wiegt bis über sechs Tonnen. Das entspricht dem Gewicht von gut sieben Kleinautos. Der Elefant hat größere Ohren, dickere Beine, einen längeren Rüssel und längere Stoßzähne als jedes andere Tier auf der Welt. Elefanten werden zu Recht Dickhäuter genannt, doch ist ihre Haut auch sehr empfindlich. Elefanten leben in Gruppen unter der Leitung eines erfahrenen Weibchens. Die ausgewachsenen Bullen sind meistens Einzelgänger. Junge Elefanten brauchen zwanzig Jahre, bis sie ausgewachsen sind. Elefanten werden ungefähr genauso alt wie Menschen.

Indische Elefanten können darauf dressiert werden, schwere Lasten zu heben. Sie arbeiten vor allem in der Forstwirtschaft, wo sie den Traktor ersetzen. Afrikanische Elefanten sind schwieriger zu zähmen. Heute sind sie in manchen Gebieten ausgestorben. In den Nationalparks leben aber teilweise noch sehr viele Tiere. Die meisten Elefanten werden wegen des Elfenbeins ihrer bis 90 Kilogramm schweren Zähne gewildert.

6 In einer Mindmap oder Gedankenlandkarte kannst du alles, was du jetzt über Elefanten weißt, übersichtlich darstellen.
– Sieh dir die angefangene Mindmap genau an: Was steht im Mittelkreis, was auf den dicken Ästen, was auf den dünneren Verzweigungen?
– Vervollständige die Mindmap mit deinen zusätzlichen Informationen.

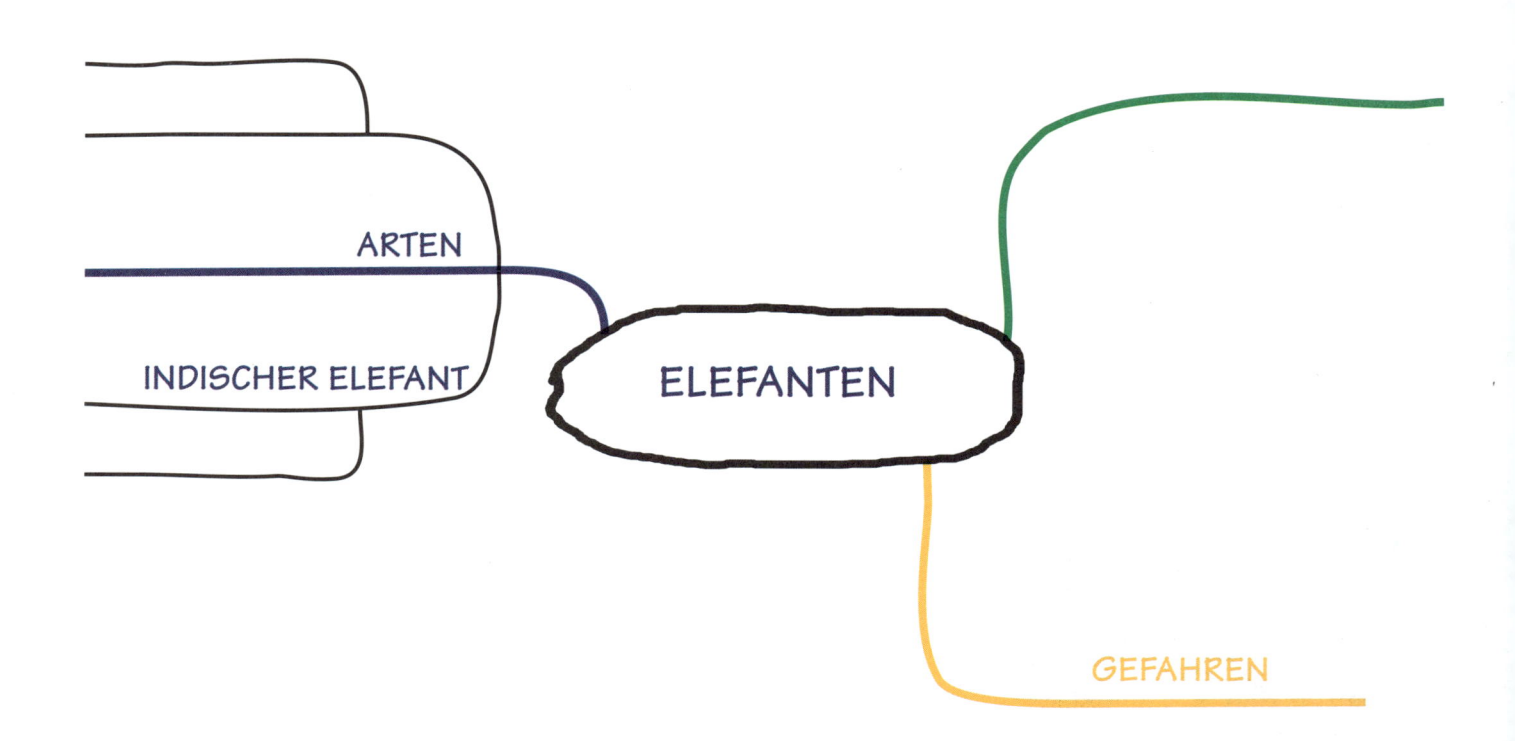

ARTEN

INDISCHER ELEFANT

ELEFANTEN

GEFAHREN